Die vier Dimensionen der Bildung

Was Schülerinnen und Schüler im 21. Jahrhundert lernen müssen

Charles Fadel, Maya Bialik und Bernie Trilling

Deutsche Übersetzung von Jöran Muuß-Merholz

Inhalt

Vorwort – Warum es so wichtig ist, das *WAS* in der Bildung neu zu denken

Von Andreas Schleicher, Direktor für Bildung bei der Organisation für wirtschaftliche Zusammenarbeit und Entwicklung (OECD)

Die Anforderungen an die Lernenden und folgerichtig auch an die Bildungssysteme entwickeln sich rasant. Früher ging es im Bildungswesen darum, dass man Leuten etwas beigebracht hat. Heute wollen wir sicherstellen, dass Menschen einen zuverlässigen Kompass und Fähigkeiten zur sicheren Navigation entwickeln, so dass sie ihren eigenen Weg finden, um durch eine zunehmend unsichere, unbeständige und mehrdeutige Welt zu steuern. Heute können wir nicht mehr mit Gewissheit vorhersagen, wie sich die Dinge weiterentwickeln. Wir werden oft überrascht und müssen auch anhand von Ausnahmefällen lernen. Und manchmal werden wir dabei Fehler machen. Oft werden es gerade Fehler und Misserfolge sein, die uns - wenn wir sie richtig verstehen - den Weg für Lernen und Wachstum bereiten. Noch eine Generation vor uns konnten die Lehrenden davon ausgehen, dass sie ihren Schülerinnen und Schülern etwas für das Leben - und zwar für das ganze Leben - beibrachten. Die Vorbereitung, die Schulen ihren Schülerinnen und Schülern heute mitgeben können, zielt auf einen wirtschaftlichen und sozialen Wandel, der schneller ist als jemals zuvor, auf Jobs, die es noch gar nicht gibt, auf die Benutzung von Technik, die noch gar nicht erfunden wurde, und auf die Lösung von sozialen Problemen, deren Entstehen wir noch nicht erahnen.

Wie gelingt es uns, motivierte und engagierte Lernende zu fördern und darauf vorzubereiten, die unvorhersehbaren Herausforderungen der Zukunft (ganz zu schweigen von der Gegenwart) zu bewältigen? Es gibt ein

Dilemma für Pädagoginnen und Pädagogen: Diejenigen Fähigkeiten, die am einfachsten zu unterrichten und zu prüfen sind, sind identisch mit den Fähigkeiten, die am einfachsten zu digitalisieren, zu automatisieren oder ins Ausland zu verlagern sind. Es steht außer Frage, dass Fachwissen auf Höhe der Zeit immer von Bedeutung bleiben wird. Innovative und kreative Menschen haben in der Regel stets besondere Fähigkeiten in einem Wissens- oder Praxisfeld. Und auch wenn Lernen zu lernen eine wichtige Kompetenz ist, so lernen wir das Lernen doch immer an einem konkreten Gegenstand. Lernerfolg definiert sich heute nicht mehr in der Hauptsache darüber, dass wir unser Wissen einfach wiedergeben können, sondern darüber, dass wir unser Wissen erweitern und auf neuartige Situationen anwenden können. Einfach gesagt: Die Welt belohnt Menschen nicht mehr für ihr Wissen – Suchmaschinen wissen alles – sondern für das, was sie mit ihrem Wissen anfangen können, dafür, wie sie sich in der Welt verhalten und wie sie sich wandeln können. Das macht heute den Unterschied aus. Deswegen geht es in der Bildung heute mehr um Kreativität, kritisches Denken, Kommunikation und Kollaboration, um modernes Wissen (dazu gehört die Fähigkeit, das Potenzial neuer Technik zu erkennen und zu nutzen) und schließlich auch um Charaktereigenschaften, die erfüllten Menschen helfen, mit anderen zusammenzuleben, zusammenzuarbeiten und eine nachhaltige Menschheit aufzubauen.

In unserer traditionellen Herangehensweise haben wir Probleme in kleine, handhabbare Stücke heruntergebrochen und Schülerinnen und Schülern Techniken für den Umgang mit diesen Teilstücken beigebracht. Heutzutage entsteht Wertschöpfung auch darüber, verschiedene Einzelteile zusammenzufügen. Dazu braucht es Neugier, Aufgeschlossenheit und die Fähigkeit, Verbindungen zwischen Ideen zu finden, die bisher (vermeintlich) gar nichts miteinander zu tun hatten. Dafür muss man auch mit Wissen vertraut bzw. für Wissen empfänglich sein, das bisher außerhalb des eigenen Feldes lag. Wenn wir unser ganzes Leben nur innerhalb der Grenzen einer einzelnen Disziplin verbringen, werden wir nicht die Vorstellungskraft entwickeln, die es braucht, um die einzelnen Punkte miteinander zu dem Bild verbinden, aus dem die nächste Erfindung erkennbar wird.

Die Welt ist nicht mehr in Spezialisten einerseits und Generalisten andererseits aufgeteilt. Spezialisten haben tiefgehende Kenntnisse und Fähigkeiten in einem eng abgegrenzten Feld. Ihre Expertise wird von Gleichgesinnten anerkannt, findet aber jenseits ihres Fachgebietes kaum Wertschätzung. Generalisten haben einen großen Aktionsradius, aber in diesem nur begrenzte Kenntnisse und Fähigkeiten. Heute kommt es immer mehr auf *Versatilität* an, also auf Vielseitigkeit, Beweglichkeit und Wandelbarkeit. Versatilisten können fundierte Kenntnisse auf eine ständig wachsende Bandbreite von Situationen und Erfahrungen anwenden. Sie entwickeln dabei neue Kompetenzen, bauen Beziehungen auf und wechseln in neue Rollen. Sie sind in der Lage, sich immer wieder umzustellen, zu lernen, sich zu entwickeln, sich selbst zu positionieren und in einer sich schnell verändernden Welt neu zu positionieren.

Vielleicht das Wichtigste: In den Schulen von heute lernen die Schülerinnen und Schüler typischerweise individuell, jeder für sich, und am Ende des Schuljahres bescheinigen wir jedem seine individuellen Leistungen. Aber je größer die wechselseitigen Abhängigkeiten in der Welt werden, desto mehr sind wir auf Menschen angewiesen, die gut zusammenarbeiten, die gut verschiedene Stimmen orchestrieren und die sich gut mit anderen als Menschen, als Kollegen oder als Bürger zusammentun können. Auch Innovationen entstehen heute selten als Produkt individueller, isolierter Arbeit, sondern als Ergebnis von mobilisiertem, geteiltem und vernetztem Wissen. Schulen müssen ihre Lernenden auch auf eine Welt vorbereiten, in der Menschen mit unterschiedlichen kulturellen Hintergründen zusammenarbeiten, in der verschiedene Ideen, Perspektiven und Werte existieren, so dass Menschen entscheiden müssen, wie sie Vertrauen und Zusammenarbeit über solche Unterschiede hinweg aufbauen. Es ist eine Welt, in der unser Leben von Dingen beeinflusst wird, die nicht an nationalen Grenzen haltmachen. Anders ausgedrückt: Schule muss einen Wandel gestalten, weg von einer Welt, in der traditionelles Wissen rasch an Wert verliert, hin zu einer Welt, in der die Bedeutung von fundierten Kompetenzen zunimmt, aufbauend auf einer Verbindung von traditionellem und modernem Wissen zusammen mit Skills, Charaktereigenschaften und aufbauend auf selbst gesteuertem Lernen.

Rund um den Erdball gibt es viele Schulen, in denen hart daran gearbeitet wird, dass Schülerinnen und Schüler diese Arten von Wissen, Skills und Charaktereigenschaften entwickeln können. Aber der Status Quo hat viele Beschützer. Das wird jeder bestätigen, der schon einmal versucht hat, in den überfüllten Lehrplänen Raum für neue Lerngegenstände zu schaffen. Im Ergebnis sehen wir ausgedehnte, aber nur oberflächliche Curricula, überladen mit nicht immer relevanten Inhalten. Solche Lehrpläne dominieren den heutigen Schulalltag und behindern die Entwicklung von fundierten Kompetenzen und fortschrittlicher Pädagogik.

Es gibt einen ursächlichen Grund, warum es uns so schwerfällt, die Curricula unserer Schulen an den Anforderungen der modernen Welt auszurichten: Uns fehlt ein organisatorisches Framework, auf dessen Grundlage wir Kompetenzen priorisieren und Diskussionen über die Lernziele entlang der Entwicklungsstufen systematisch strukturieren können. *Die vier Dimensionen der Bildung* **bietet erstmals ein klares und praxistaugliches organisatorisches Framework für die Kompetenzen, die wir für dieses Jahrhundert brauchen. Die tatsächliche Innovation liegt darin, dass hier nicht nur eine weitere One-size-fits-all-Liste von Dingen, die ein Mensch lernen soll, präsentiert wird. Vielmehr werden präzise Bereiche definiert, innerhalb derer Pädagogen, Entwickler von Curricula, politische Entscheidungsträger und Lernende festlegen**

können, was in ihrem jeweiligen Kontext und für ihre jeweilige Zukunft gelernt werden soll. Das Education 2030-Projekt der OECD wird auf diese Grundlagenarbeit von CCR in einem Kooperationsprojekt aufbauen. Die OECD entwickelt derzeit ein Kompetenzen-Framework, in dem curriculare Frameworks international vergleichend analysiert werden. Die OECD hat die Möglichkeit, Menschen weltweit an einen Tisch zu bringen. Auf dieser Grundlage wird das Framework getestet, angepasst und validiert werden, wobei Stakeholder aus aller Welt und auf verschiedenen Ebenen in einem interaktiven Prozess miteinbezogen werden.

Einleitung

Wir können unsere Probleme nicht mit derselben Denkweise lösen, mit der wir sie erschaffen haben.

— Albert Einstein

Bildung – was für dieses Buch schulische Bildung meint – ist fundamentaler Bestandteil der Entwicklung jedes Bürgers in jedem Land auf der Welt. Bildung soll die Lernenden darauf vorbereiten, erfolgreich in der Welt zurechtzukommen. In Bildung steckt ein potentiell sehr mächtiges Mittel für sozialen Fortschritt. Wenn sie gut gestaltet wird, kann Bildung zu einem selbstbestimmteren und glücklicheren Leben verhelfen, zu friedlicheren und nachhaltigen Gesellschaften, zu ökonomischem Fortschritt und zu Fairness, zu Menschen, die in allen Belangen ein erfülltes Leben führen.

Wie schneiden wir insgesamt ab, wenn wir diese hehren Ziele mit der Realität abgleichen? Das ist schwer direkt zu messen, aber es gibt einige Hinweise. Die ökonomische Ungleichheit wächst, Ausbildung und Arbeitsmarkt passen oft nicht zusammen, weiterhin dominiert Gewalt in vielen Teilen der Welt. Als wäre das noch nicht schlimm genug, verändert sich die Welt mit zunehmender Beschleunigung. Wir sind Zeitzeugen von Transformationen: einschneidende, weitreichende Veränderungen wie internationale Mobilität, Verschiebungen in den Familienstrukturen, zunehmende Diversität innerhalb von Bevölkerungen, Globalisierung und ihre Auswirkungen auf wirtschaftlichen Wettbewerb und sozialen Zusammenhalt, neue Berufe und Karrieren, neue technische Entwicklungen und ihre rasante Verbreitung usw. Soziale Herausforderungen werden oft noch dadurch verschärft, dass der technische Fortschritt mit exponentiellem Wachstum verläuft.

Auf den Punkt gebracht: Die Welt, für die unser Bildungswesen geschaffen wurde, existiert nicht mehr. Und selbst wenn wir jetzt ein neues Bildungssystem für die Welt von heute kreieren würden, so wäre es teilweise veraltet, wenn die heutigen Erstklässler ihren Abschluss machen. Was können wir also tun? Wir müssen das Curriculum im Bewusstsein des unvermeidbaren weiteren Wandels gestalten. Und wir müssen Lernende so ausbilden, dass sie anpassungsfähig und versatil, also vielseitig und beweglich sind. Dies schafft Möglichkeiten. Die Menschheit kann grundsätzlich neu denken, sich neu ausrichten und proaktiv die Zukunft gestalten, die sie will. Viele Maßnahmen im Bildungsbereich konzentrieren sich darauf, *WIE* wir Bildung umsetzen. Das ist ein lohnendes und wichtiges Ziel. Aber wir fragen hier: Unterrichten und prüfen wir die richtigen Dinge? WAS sollten Schülerinnen und Schüler lernen, damit sie gut für das 21. Jahrhundert gerüstet sind?

Dieser Frage geht das Center for Curriculum Redesign (CCR) in diesem Buch nach, indem es ein Framework vorstellt, mit dem unsere Curricula dem gegenwärtigen Stand der Welt angepasst werden und für eine ungewisse Zukunft gerüstet sein können. Dieses Framework blickt auf Wissen (was Lernende kennen und verstehen), auf Skills (wie sie ihr Wissen anwenden), auf Charakter (wie sie sich in der Welt verhalten) und auf Meta-Lernen (wie sie sich selbst reflektieren und anpassen können, indem sie kontinuierlich weiter lernen und auf ihre Ziele hinarbeiten).[1]

Dieses Buch richtet sich an Lehrende, Abteilungs- und Schulleitungen, Entscheidungsträger in Verwaltung und Politik, an die Entwicklerinnen und Entwickler von Standards, Lehrplänen und Assessments, sowie an weitere Vordenkende und Influencer, die ein gründliches Verständnis der

---

[1] Für die deutsche Version des Buchs wurden einige Begriffe aus dem englischen Original übernommen und nicht übersetzt. Eine Übersicht über zentrale Begriffe im Englischen und im Deutschen findet sich im Anhang in Tabelle A1.1 Die Taxonomie von CCR.

gegenwärtigen Anforderungen und Herausforderungen entwickeln und an der Entwicklung innovativer Lösungen mitwirken wollen.

Kapitel 1 – Bildung für eine Welt im Wandel neu gestalten

Die Zukunft ist auch nicht mehr das, was sie mal war.
  – Yogi Berra (Baseballspieler und -manager)

Globale Trends und Herausforderungen

Wie können wir, jeder individuell und gemeinsam als Gesellschaft, gewährleisten, dass wir einen positiven Einfluss auf die Welt haben? Über die Ziele für eine bessere Zukunft besteht weitgehend Einigkeit: friedliche, nachhaltige Gesellschaften, bestehend aus Menschen mit einem erfüllten Leben, die ihre Möglichkeiten voll entfalten können. Diese Ziele lassen sich in unterschiedlicher Weise konkretisieren: hohes zivilgesellschaftliches und soziales Engagement, individuelle Gesundheit und Wohlbefinden, eine gute Erwerbsarbeit, ökonomische Produktivität, ökologische Nachhaltigkeit usw.

In der Theorie geht es bei der Bildung für unsere Kinder genau darum: Sie sollen auf diese zukünftige Welt vorbereitet sein, sich in ihr zurechtfinden und sie aktiv weiter verbessern können. In der Praxis mehren sich allerdings die Belege (später mehr dazu) in wissenschaftlichen Studien, in Befragungen von Arbeitgebern, in der öffentlichen Meinung und von Lehrenden selbst, dass unsere Bildungssysteme weltweit diesen Anforderungen nicht gerecht werden. Die Lernenden sind oft nicht angemessen vorbereitet, um in der Welt von heute gut zurechtzukommen – ganz zu schweigen in der Welt von morgen.

Eine Ursache dafür liegt darin, dass sich die Welt dramatisch verändert, während unser Bildungswesen sich nicht schnell genug anpasst, um Antworten auf die neuen Anforderungen zu geben. Unser heutiges Bildungssystem wurde als - zu damaliger Zeit moderne - Reaktion auf die industrielle Revolution entworfen. Aber die heutigen Herausforderungen und Möglichkeiten sind ganz andere als damals. Schon wenn man sie mit denen vor wenigen Jahrzehnten vergleicht – mit der Zeit vor dem Internet – unterscheiden sie sich bereits stark. Die allgegenwärtige digitale Vernetzung bringt ganz neue Formen und Größenordnungen von potentiellen Problemen mit sich.

Solche neuartigen Probleme lassen sich anhand der Weltwirtschaftskrise von 2008 veranschaulichen. Wenn in der Vergangenheit eine Handvoll Banken in einem Land Schwierigkeiten hatte, mussten sie mit den Folgen alleine klarkommen. Anders heute: Wenn jetzt ein Baustein des Systems scheitert, verursacht das weltweit Probleme, weil sich die negativen Auswirkungen durch die Verflechtungen des Wirtschaftssystems ausbreiten. Unsere sozialen Systeme sind jetzt Teil von unüberschaubaren, globalen Kommunikationssystemen und daher anfälliger für weitreichende globale Erschütterungen. Sie sind riesig und verwundbar geworden.[2] Als wäre das noch nicht genug: Gleichzeitig kämpfen wir auch noch damit, unsere Hoffnungen und Erwartungen auf wirtschaftliches Wachstum mit Überbevölkerung, übermäßigem Konsum und den entsprechenden Folgen für Klima und Ressourcen miteinander zu versöhnen.

Das Weltwirtschaftsforum hat kürzlich Expertinnen und Experten aus Wirtschafts-, Geopolitik-, Sozial-, Technik- und Umweltwissenschaften mit solchen aus Unternehmen, Forschung, NGOs und Regierungen zusammengebracht, um eine Liste der dringlichsten Trends und Herausforderungen weltweit zu erarbeiten. Die Verbindungen zwischen den verschiedenen Trends wurden grafisch dargestellt, um wichtige Abhängigkeiten hervorzuheben. Ein Beispiel sind die Verbindungen zwischen wachsender Ungleichheit beim Einkommen und dramatisch gestiegenen Risiken sozialer Instabilität (vgl. Abbildung 1.1).[3]

---

[2] Nassim Nicholas Taleb: Antifragilität: Anleitung für eine Welt, die wir nicht verstehen. München: btb 2014, ISBN 978-3442744695

[3] Zum methodischen Hintergrund des World Risk Reports vgl. http://reports.weforum.org/global-risks-

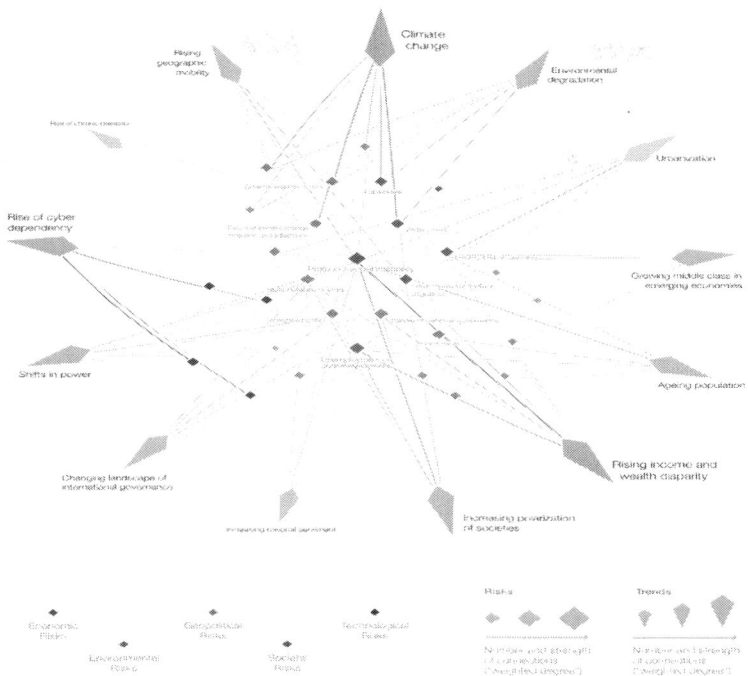

Abbildung 1.1: Globale Trends und Risiken, Quelle: Weltwirtschaftsforum[4]
https://www.weforum.org/agenda/2016/01/q-a-walter-quattrociocchi-digital-wildfires/

Diese Trends und Risiken hätten wir vor 50 Jahren nicht voraussagen können. Und sie werden sich weiterhin in wechselseitiger Abhängigkeit auf unerwartete und unvorhersehbare Weise entwickeln. Währenddessen folgen unsere Lernenden weiterhin demselben Curriculum, das sie nicht auf die Herausforderungen unserer Welt vorbereitet.

2015/appendix-b-the-global-risks-perception-survey-2014-and-methodology/
[4] Diese Grafik hebt den Zusammenhang zwischen globalen Trends (Fünfecke) und Risiken (Vierecke) hervor. Die Größe der viereckigen Knotenpunkte richtet sich nach den Auswirkungen und Wahrscheinlichkeiten der Risiken.

Nachhaltigkeit

Es ist noch eine relativ junge Entwicklung, wie stark und schnell sich der menschliche Einfluss auf die Welt verbreitet. Historisch gesehen ist das Wachstum der Weltbevölkerung erst vor Kurzem auf ein nicht nachhaltiges Niveau explodiert.[5]

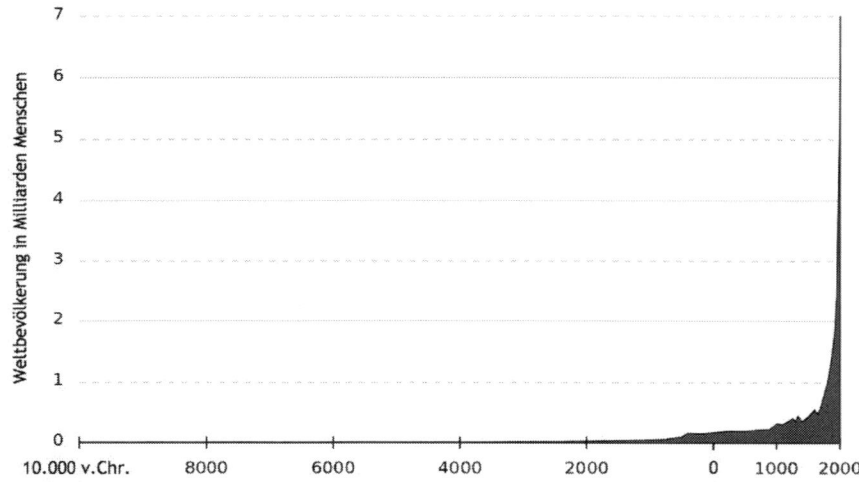

Abbildung 1.2: Wachstum der Weltbevölkerung
Quelle: en.wikipedia.org/wiki/File:Population_curve.svg (übersetzt) nach census.gov

Diese Bevölkerungsexplosion hat weitreichende Folgen, da wir alle voneinander abhängige Teile in einem weltweiten Netzwerk lebensnotwendiger Systeme sind. Unsere Gesellschaften verstricken sich in einem Netz aus Konsum- und Konkurrenzmustern, während wir zusehends die Ressourcen aufbrauchen, die wir für unser Überleben benötigen.

Im weltweiten Durchschnitt verbrauchen wir derzeit so viele Ressourcen, wie die Erde in 1,5 Jahren produzieren kann.[6] Für jedes Land lässt sich,

---

[5] Elaine M. Murphy: World Population: Toward the Next Century (Washington, DC, Population Reference Bureau, 1994)
[6] Global Footprint Network,
http://www.footprintnetwork.org/de/index.php/GFN/page/world_footprint

abhängig von seinem Lebens- und Konsumstil, sagen, wie viel Grund und Boden es bräuchte, um die entsprechenden Ressourcen abzudecken. Abbildung 1.3 zeigt, wie viele Planeten wir haben müssten, wenn die ganze Welt auf dem Niveau des jeweiligen Landes konsumieren würde.[7]

---

[7] Christine McDonald: „How Many Earths Do We Need?" BBC News, www.bbc.com/news/magazine-33133712

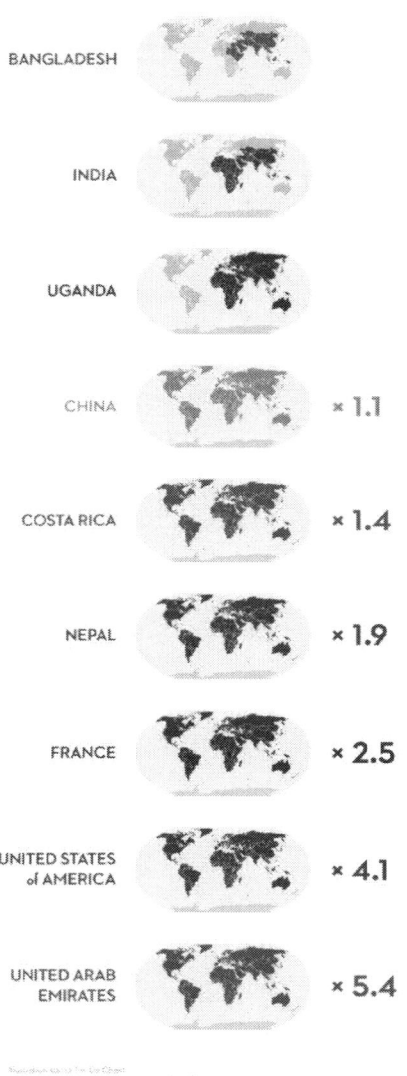

Abbildung 1.3: Bevölkerung und Land (Populations and Land)
Quelle: Global Footprint Network, http://www.footprintnetwork.org

Nach Meinung einiger Wissenschaftlerinnen und Wissenschaftler haben wir bereits Umweltveränderungen bewirkt, die zum Aussterben unserer Spezies führen könnten. Es gibt viele historische Beispiele für ähnliche unumkehrbare Handlungen – in kleinerem Maßstab. Die Stämme der Osterinsel konkurrierten so heftig miteinander (wozu auch der Wettbewerb um die Fertigstellung der kolossalen Steinstatuen gehörte), dass sie alle auf der Insel verfügbaren Ressourcen verbrauchten und ihre Zivilisation kollabierte.

Der Evolutionsbiologe Jared Diamond hält die Parallelen zwischen dem Untergang der Zivilisation auf der Osterinsel und der heutigen Welt für „erschreckend offensichtlich." In seinem Buch *Kollaps* beschreibt Diamond das Verschwinden verschiedener Zivilisationen und zieht Parallelen zur heutigen globalen Zivilisation. Diamond schreibt:

„Weil wir diesen nicht-nachhaltigen Kurs rasch voranbringen, werden die Umweltprobleme der Welt in der Zwischenzeit in der Lebenszeit der Kinder und jungen Erwachsenen, die heute leben, gelöst werden. Die einzige Frage ist, ob sie in angenehmen Wegen unserer eigenen Wahl oder in unangenehmen Wegen nicht von unserer Wahl, wie Krieg, Völkermord, Hunger, Krankheitsepidemien und Zusammenbrüche von Gesellschaften gelöst werden."[8]

Das Überleben der menschlichen Spezies hängt von unserer Fähigkeit ab, unsere Erkenntnisse in Handlungen umzusetzen, über verschiedene Disziplinen und politische Gräben hinweg. Bildung kann ein mächtiges Mittel für unser Überleben sein. Aber die zur Bewältigung dieser Herausforderungen notwendigen Kompetenzen werden derzeit nicht konsequent und effektiv ausgebildet.

---

[8] Jared Diamond: Kollaps: Warum Gesellschaften überleben oder untergehen (S. Fischer: Frankfurt am Main, 2006), S. 615

VUCA und Werte

VUCA ist eine Abkürzung für vier Eigenschaften, die zunehmend zur Beschreibung von Zukunft herangezogen werden: *volatility (Schwankung, Unbeständigkeit), uncertainty (Unsicherheit), complexity (Komplexität)* und *ambiguity (Mehrdeutigkeit)*. Die Abkürzung *VUCA* entstand in den späten 1990ern im militärischen Bereich. In der Folge beeinflusste *VUCA* Ideen im strategischen Management in verschiedenen Bereichen, von Unternehmen über Bildungsorganisationen bis zu Regierungsinstitutionen. Kurz zusammengefasst warnt *VUCA*, dass Vorhersagen und Steuerung in unserer Welt zunehmend schwierig werden.

Unsere Zukunft wird zum Teil von unseren Werten bestimmt werden. Eine Ausrichtung auf Konsum und Materialismus wirkt auf lange Sicht nicht nachhaltig. Diese Zukunft ist weitgehend sozial und kulturell bestimmt, so dass sie sich ändern kann, wenn sich kulturelle Werte ändern. Gesellschaftliche Werte bestimmen ebenso, wo eine bestimmte Kultur zwischen gegensätzlichen Werten anzusiedeln ist, beispielsweise zwischen Antagonismus / Feindseligkeit und Toleranz, Individualismus und sozialem Zusammenhalt, Materialismus und Sinnsuche. Wenn wir uns kollektiv auf die Suche nach alternativen Werten begeben, die uns globale Nachhaltigkeit und persönliche Erfüllung versprechen, folgen wir sowohl Push- wie auch Pull-Faktoren. Bei den Push-Faktoren werden wir von Notwendigkeit und Sorge über die Richtung angetrieben, in die uns aktuelle Werte treiben. Bei den Pull-Faktoren zieht uns das Bedürfnis nach besseren gesellschaftlichen Umständen, denen veränderte Werte zugrunde liegen (vgl. Tabelle 1.1).

Push-Faktoren	Pull-Faktoren
die Angst vor der Zukunft	das Versprechen von Sicherheit und sozialem Zusammenhalt
die Sorge, dass politische Anpassungen nicht ausreichen, um Krisen zu verhindern	die ethische Verpflichtung, Verantwortung für andere, für die Natur und die Zukunft zu übernehmen
die Furcht vor dem Verlust von Freiheiten und Wahlmöglichkeiten	Engagement in der Gemeinschaft, im politischen und kulturellen Leben
die Entfremdung von der vorherrschenden Kultur	die Suche nach persönlicher Bedeutung und Sinn
ein stressiger Lebensstil	Zeit für persönliche Leidenschaften und Verbindungen zur Natur

Tabelle 1.1: Push- und Pull-Faktoren, Quelle: P. Raskin et.al., The Great Transition: The Promise and Lure of Times Ahead (Boston, MA: Stockholm Environment Institute, 2002).

Die Wertesysteme, die aus diesen Push- und Pull-Faktoren entstehen, müssen nicht aus defensiven oder pessimistischen Haltungen entspringen. Sie können vielmehr gleichzeitig erstrebenswert und inspirierend sein. Wenn man sich vor Augen hält, wie diese mächtigen Antriebe unser modernes Leben beeinflussen können, so können wir uns als handelnde Akteure mit Zielvorstellungen und Gestaltungswillen sehen anstatt als Menschen, die nur impulsiv auf die dramatischen Veränderungen um uns herum reagieren. Diese aktive Handlungsfähigkeit ist notwendig, um die Welt zu verändern. Sie muss sich in einer effektiven Bildung für das 21. Jahrhundert widerspiegeln.

17

Exponentielles Wachstum und Zukunftsprognosen

Prognosen sind schwierig, besonders, wenn sie die Zukunft betreffen.

– Mark Twain, Schriftsteller

Der menschliche Verstand ist lineares Denken gewohnt. Deswegen fällt es ihm schwer, das Konzept von exponentiellen Veränderungen zu begreifen. Man denke an die indische Geschichte, in der der Gott Krishna und ein König eine bestimmte Menge Reis für den Gewinner des Schachspiels festlegen: ein Reiskorn auf dem ersten Schachfeld und jeweils eine Verdoppelung der Anzahl auf jedem weiteren Feld. Der König verliert das Spiel und muss feststellen, dass er den Einsatz nicht leisten kann. Ein Reiskorn ist nicht viel und auch eine Verdoppelung macht nicht viel aus. Aber das Wachstum ist exponentiell. Schon auf dem 20. Feld geht es um eine Millionen Reiskörner, auf dem 21. Feld um zwei Millionen. Für das letzte Feld wären mehr als 100 Billiarden Reiskörner fällig – das entspricht mehr als der 1000-fachen Menge der heutigen Reisproduktion.

Computer- und Kommunikationstechnologien haben ein vergleichbares Wachstum. Für Schaltkreise gibt es sogar einen eigenen Namen für die Beobachtung von exponentiellem Wachstum: das Mooresche Gesetz. Diese Faustregel besagt, dass die Dichte von Transistoren auf einem Computerchip sich alle 1,5 bis 2 Jahre verdoppelt. Entsprechend können Rechengeschwindigkeit und Speicherkapazitäten steigen.

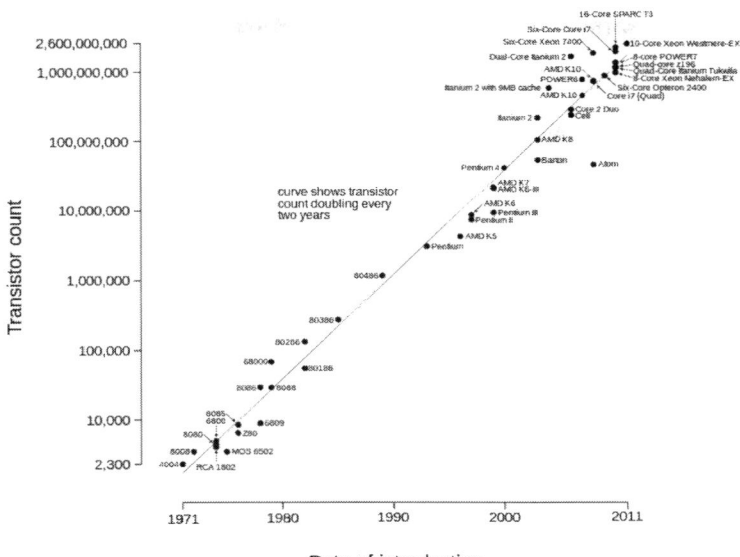

Abbildung 1.4: Das Mooresche Gesetz, Quelle: Wikimedia Commons
(https://commons.wikimedia.org/wiki/File:Transistor_Count_and_Moore's_Law_-_2011.svg Grafik von
Wgsimon unter CC BY-SA 3.0, http://creativecommons.org/licenses/by-sa/3.0)

Vor diesem Hintergrund erleben wir mit dem Internet heute eine einschneidende Revolution in Sachen Kommunikation. Das Internet ist das erste tatsächlich weltweite, interaktive und soziale Kommunikationsmedium, zu dem ein beachtlicher Teil der Weltbevölkerung Zugang hat. Ideen, Bilder und Töne sausen mit Lichtgeschwindigkeit um die Erde und stellen Wirtschaftszweige und Kulturen auf den Kopf. Um eine Reichweite von 50 Millionen Menschen zu erlangen, brauchte das Radio 38 Jahre, das Fernsehen 13 Jahre, das Internet 4 Jahre und Facebook nur noch 2 Jahre. Das Tempo des technischen Wandels ist heute erheblich größer als noch vor wenigen Jahren. Innovative Technologien verbreiten sich mit exponentieller

Beschleunigung, dramatisch schneller als je zuvor in der Menschheitsgeschichte.

Wenn wir Vorhersagen über die Zukunft anstellen, machen wir dafür normalerweise Hochrechnungen der Vergangenheit – und lassen uns so in die Irre führen. Ein Beispiel: Das meistverkaufte Handy im Jahr 2004 war das Nokia 2600. „Handy" bedeutete damals, dass man mit dem Gerät mobil telefonieren konnte. Die Zukunftsprognosen gingen 2004 davon aus, dass Handys immer kleiner werden würden, ohne größere Veränderungen. Nur drei Jahre später wurde das erste iPhone vorgestellt und änderte unser Verständnis vom „Handy" grundlegend. Heute sprechen wir von „Smartphones" – Handys, die deutlich größer sind als das alte Nokia 2600, dafür fast komplett ohne Knöpfe und mit einem Ökosystem aus Apps für jeden Aspekt unseres Lebens.

Dieser Wandel hätte sich aus den Trends von 2004 kaum vorhersagen lassen, denn die Veränderung brach mit den Trends. Wenn wir nun nach dem gleichen Muster Vorhersagen über die Zukunft der Bildung machen, werden sich auch diese teilweise als falsch erweisen. Wir können uns nicht auf Vorhersagen verlassen, die auf aktuellen Trends basieren, um entsprechende zukünftige Bildungsziele, -standards und -curricula in Stein zu meißeln. Wir brauchen stattdessen flexible Leitlinien, die unsere Lernenden darauf vorbereiten, in einer unvorhersagbaren Welt versatil, also vielseitig und wandlungsfähig, zu handeln.

IBM hat eine prägnante Darstellung von Versatilität entworfen, die über die Perspektive eines Arbeitgebers hinausgeht: „The *T*-shaped individual"[9]. Eine solche „*T*-förmige Persönlichkeit" ist leistungsfähig *sowohl* in der Tiefe *als auch* in der Breite ihrer Expertise.

---

[9] Jim Spohrer auf Slideshare: www.slideshare.net/spohrer/t-shaped-people-20130628-v5

Breite des Wissens

Abbildung 1.5: T-förmige Ausprägung des Charakters
Quelle: Jim Spohrer, IBM

Man kann davon ausgehen, dass ein Mensch im Verlauf seines Lebens verschiedene Arten von Expertisen entwickeln wird – eine M-förmige Persönlichkeit. Obwohl es sehr schwierig ist, genaue Vorhersagen über die wichtigen technologischen Durchbrüche in der ferneren Zukunft zu machen, haben sich einige Organisationen daran versucht. Sie prognostizieren auf Basis der verfügbaren Informationen grundlegende Trends für die nahe Zukunft. Tabelle 1.2 zeigt drei dieser Vorhersagen im Vergleich, sortiert nach Bereichen.

KnowledgeWorks Foundation – Forecast 2020[10]	World Future Society – Top Durchbrüche der nächsten 20 – 30 Jahre	McKinsey Global Institute – Top 12 der ökonomisch disruptiven Technologien[11]
Längere Lebenserwartungen	–	DNA-Sequenzierung der nächsten Generation
Vernetzte Menschen, Organisationen und vernetzter Planet	Weltweiter Zugang zum Internet, Digitale Bildung	Mobiles Internet
Aufstieg von smarten Maschinen und Systemen	Quantencomputer, Nanotechnologie, Smarte Roboter	Automatisierung von Wissen und Arbeit, Fortgeschrittene Robotik, Autonome und teil-autonome Fahrzeuge, 3D-Druck von Bauteilen, Fortgeschrittene Materialtechnik
Big Data und Neue Medien	Unterhaltungsangebote on demand	Internet der Dinge, Cloud-Technologien
Umweltbelastungen und -anforderungen	Alternative Energien, Meerwasserentsalzung, Präzisionsackerbau	Energiespeicher, Fortgeschrittene Öl- und Gasförderung, Erneuerbare Energien
Optimierte Menschen / Transhumanismus	Biometrie	–

Tabelle 1.2: Trend-Vergleich

Man kann davon ausgehen, dass diese Trends tiefgreifende Auswirkungen auf das Lernen im 21. Jahrhundert haben werden. Das gilt sowohl für die relevanten Inhalte des Lernens als auch für innovative Wege des Lernens (mehr dazu in Kapitel 3, „Die Dimension Wissen").

---

[10] KnowledgeWorks Foundation: Forecast 2020.
http://www.knowledgeworks.org/sites/default/files/2020-Forecast.pdf
[11] James Manyika u.a.: Disruptive Technologies: Advances That Will Transform Life, Business, and the Global Economy. McKinsey Global Institute (May 2013),
www.mckinsey.com/insights/business_technology/disruptive_technologies

Der Einfluss von Technik auf die Gesellschaft

*Technik gibt uns Macht. Aber sie wird nicht – und sie kann auch
nicht – vorgeben, wie wir diese Macht nutzen.*
– Jonathan Sacks, britischer Großrabbiner 1991 bis 2013

Unsere Sorgen darüber, wie Technologien die Gesellschaft verändern können, haben eine lange Tradition. Schon Sokrates fertigte keine Aufzeichnungen seiner Gedanken und Arbeiten an. Er argwöhnte in Bezug auf die Technologie Schrift: „Schafft Vergesslichkeit in den Seelen der Lernenden" und so hat er seine eigenen Worte und seine Arbeit nicht aufgezeichnet.

Auf gewisse Weise hatte Sokrates recht. Unsere moderne Kultur ist unglaublich schlecht im Auswendiglernen, wenn wir uns mit anderen Kulturen vergleichen, die eine lange Tradition der mündlichen Überlieferung haben bzw. hatten. Deren Mitglieder konnten ein Epos wie die *Ilias* komplett auswendig. Für weite Teile der Menschheitsgeschichte war es normal, dass komplette Bücher im menschlichen Gedächtnis „gespeichert" wurden. Diese Fähigkeit wurde mit der Zeit nicht mehr gebraucht und wird daher heute nicht mehr ausgeübt. Würde Sokrates die heutige Zeit besuchen, wäre er entsetzt darüber, wie wenig wir auswendig lernen und wie stark wir uns auf Gedächtnisstützen außerhalb unseres Kopfes verlassen.

Im Gegenzug haben wir durch die schriftliche Überlieferung eine kollektive Geschichte bekommen, die wir jederzeit anschauen und ergänzen können. Erst durch die Schriftlichkeit wurde es möglich, auf die Arbeiten anderer aufzubauen und diese auch zu kritisieren. Die Bedenken gegenüber Auswirkungen neuer Technologien sind also eine sehr alte Furcht vor sehr realen Konsequenzen. Auf der Kehrseite dieser Medaille stehen große

23

Hoffnungen, dass neue Technologien das Potenzial für Empowerment und Weltverbesserung in sich tragen.

Kritiker des Einflusses von Technik auf die Gesellschaft verweisen darauf, dass Fettleibigkeit unter Kindern zunehme, dass Begegnungen statt von Angesicht zu Angesicht nun in Computerspielen stattfänden, dass exzessive Mediennutzung zu Sucht- und Entzugserscheinungen führe, dass die Behaltensleistungen beim Lesen von Bildschirmen niedriger als bei Papier sei. Gleichzeitig werden viele dieser Probleme durch technische Maßnahmen angegangen. In der Entwicklung von Computerspielen werden gezielt menschliche Begegnungen und Interaktionen in der realen Welt eingebaut. Diejenigen Aspekte von Spielen, die ihren Suchtfaktor ausmachen (das Erleben von Autonomie, Können und Sinn) werden genauer untersucht und für stärkere Lernerfahrungen nutzbar gemacht.[12] Die Unterschiede im Leseverständnis, die von verschiedenen Medientypen stammen, werden weiter erforscht und möglicherweise von der nächsten technischen Innovation aufgegriffen werden.

In jedem Durchbruch steckt das Potenzial für sowohl positive wie auch negative Auswirkungen. Fortschritt ist eine zweischneidige Angelegenheit – und Technik wirkt als seine moral-freie Verstärkung. Ein Beispiel: Die Kommerzialisierung und einfache Verfügbarkeit von Wissen im Internet kann ermöglichen, dass der Zugang zu Wissen viel breiter wird, der Verbreitungsprozess schneller wird und dass Ideen miteinander geteilt werden. Gleichzeitig kann sich darüber auch gefährliches Wissen verbreiten, beispielsweise 3D-gedruckte Waffen oder daheim gezüchtete biologische Kampfstoffe usw. Diese Dualität kennen wir von wissenschaftlichen Entdeckungen. Kernenergie kann im positiven Sinne

---

[12] Daniel H. Pink: Drive: Was Sie wirklich motiviert. Salzburg: Ecowin, 2010.

als unerschöpfliche Energiequelle dienen, aber auch im negativen Sinne für zerstörerische Waffen verwendet werden.

In diesem Zusammenhang ist es wichtig, zu betonen, dass wir wohl nicht in der Lage sind, den sich beschleunigenden Fortschritt von Erfindungen und Technologien aufzuhalten. Wir können jedoch mit Bedacht steuern, wie wir sie in unserem Leben einsetzen. Wir müssen möglichst eindeutig definieren, was wir von Technik erwarten, so dass wir deren negative Auswirkungen unter Kontrolle halten und die positiven Potenziale ausbauen können. Wir müssen Technik bewusst als Werkzeug begreifen, das uns bei der Erreichung unserer Ziele unterstützt, anstatt dass wir sie nur als Krücke verwenden oder schlicht dem Reiz des Neuen unterliegen.

Unser Bildungswesen muss die universellen positiven Ziele in den Blick nehmen: persönliche Kompetenzen, Sachverstand und Weisheit für alle Lernenden. Alle Schülerinnen und Schüler müssen lernen, die weitreichenden Auswirkungen ihrer Handlungen einzuschätzen, sich achtsam in und gegenüber der Welt zu verhalten, Veränderungen in der Welt zu reflektieren und sich entsprechend neu auszurichten.

Technik, Automatisierung, Outsourcing und Jobs

Wir bilden derzeit Lernende für Arbeitsplätze aus, die noch nicht existieren, um Technologien einzusetzen, die noch nicht erfunden wurden, damit sie Probleme lösen, von denen wir noch nicht einmal wissen, dass sie Probleme sein werden.
– Richard Riley, US-Bildungsminister unter Präsident Bill Clinton

Am Anfang hat uns Technik weitgehend von Schmutz, Schweiß und Gefahren der körperlichen Arbeit befreit. Dann wurden diejenigen geistigen Arbeiten automatisiert, die eher stumpfe Aufgaben umfassten.

25

Und heute sind sogar solche Arbeiten von der Übernahme durch Maschinen bedroht, für die bislang Entscheidungen aufgrund von Expertenwissen notwendig waren.[13] So werden Computer zum Beispiel in der Diagnose von Brustkrebs geschult, weil sie in der Lage sind, auf einen Schlag viel mehr Faktoren zu berücksichtigen als ein menschlicher Arzt.[14]

Geht mit dieser Entwicklung zwangsläufig einher, dass Menschen aus ihren Berufen verdrängt werden? Die öffentliche Diskussion zu dieser Frage nimmt Fahrt auf, während Computer bereits anfangen, Autos zu steuern oder Bestellungen im Restaurant aufzunehmen. Andererseits: Könnte die Entwicklung auch dahin führen, dass mehr Menschen sich die Freiheit nehmen können, bedeutungsvolleren Arbeiten nachzugehen und noch bessere Werkzeuge zur Unterstützung ihrer Aufgaben zu nutzen? Könnten mehr Menschen ihren eigenen Neigungen und Leidenschaften folgen und die Welt ein Stück weit besser machen?

Es gibt eine große Vielfalt an Arbeiten und an menschlichen Fähigkeiten. Der technische Fortschritt ist in den verschiedenen Gegenden der Welt unterschiedlich ausgeprägt. Entsprechend werden einige Arbeiten automatisiert, und manche Arbeiten werden zu niedrigeren Kosten in andere Länder verlagert. Während die Nachfrage nach bestimmten Arbeiten an einem Ort verschwindet, taucht sie andernorts auf der Welt mit großer Nachfrage auf.

Die Abbildungen 1.6 und 1.7 zeigen, wie sich verschiedene Arten von Arbeit seit 1850 verändert haben, sowohl in prozentualen Anteilen wie auch in absoluten Zahlen.

---

[13] vgl. dazu ausführlich: Erik Brynjolfsson und Andrew McAfee: The Second Machine Age: Wie die nächste digitale Revolution unser aller Leben verändern wird. Kulmbach: Plassen (2014).
[14] Andrew Beck u.a.: Systematic Analysis of Breast Cancer Morphology Uncovers Stromal Features Associated with Survival. In: Science Translational Medicine 3 (2011).
http://med.stanford.edu/labs/vanderijn-west/documents/108ra113.full.pdf

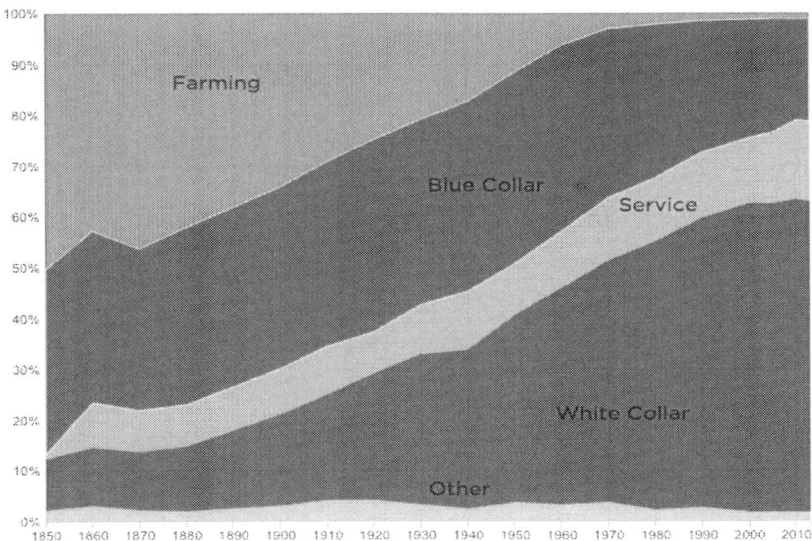

Abbildung 1.6: Arten von Arbeit im Zeitverlauf in prozentualen Anteilen
Quelle: IPUMS-USA, University of Minnesota

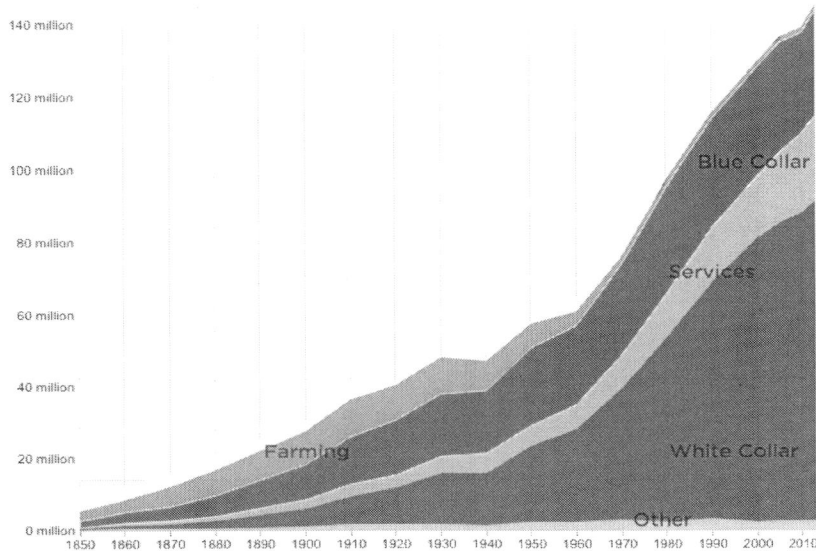

Abbildung 1.7: Arten von Arbeit im Zeitverlauf in absoluten Zahlen
Quelle: IPUMS-USA, University of Minnesota

Nun könnte man meinen, dass der ständige technische Fortschritt die Arbeit einfacher machen und für mehr Freizeit sorgen würde – doch das stimmt nicht. Die Menschen arbeiten noch genauso viel (wenn nicht länger) und produzieren mehr als vorher. Selbst wenn bestimmte Arbeiten von Maschinen übernommen werden, so entstehen gleichzeitig ganz neue Jobs, beispielsweise Social Media Managerin oder Ingenieur für Cloud-Dienste.

Automatisierung ist kein neues Phänomen. Pferde wurden durch Autos ersetzt, mittelalterliche Schreiber durch Gutenbergs Druckerpresse, Wäschereien durch Waschmaschinen, Kassierer durch Selbstscan-Kassen und Zahlung mit Kreditkarte oder Smartphone. Der Textilhändler H&M gab vor einigen Jahren zu, menschliche Models durch „makellose" digitale Schaufensterpuppen ersetzt zu haben.

Das führt uns zu wichtigen Fragen:
- Welche Arten von Beschäftigungen können automatisiert werden, welche nicht?
- Genauer: Inwieweit lässt sich die jeweilige Tätigkeit automatisieren?
- Welche neuen Jobs entstehen? Und welche Kompetenzen werden diese Jobs voraussetzen?
- Wie können wir unsere Lernenden für Jobs vorbereiten, die es erst zum Zeitpunkt ihres Abschlusses geben wird?

Zur Beantwortung dieser Fragen müssen wir zunächst verstehen, wie Automatisierung funktioniert. Grundsätzlich lässt sich über Computer sagen, dass sie Programme ausführen können, die einem Muster oder einem Satz von Regeln folgen. Ihre Stärken dabei sind Geschwindigkeit und Genauigkeit, während die menschlichen Stärken in Flexibilität und Synthese liegen. Tabelle 1.3 liefert einige Beispiele dazu, von einfach bis schwierig zu programmierenden Aufgaben.

⇒⇒⇒ zunehmend schwierig zu programmieren ⇒⇒⇒

	Regelbasierte Logik	Muster- erkennung	Menschliche Arbeit
Varie- tät	Computerverarbeitung nach deduktiven Regeln	Computerverarbeitung nach induktiven Regeln	Regeln können nicht formuliert und / oder Informationen nicht beschafft werden
Bei- spiele	die Einkommens- steuer berechnen, eine Bordkarte ausstellen	Spracherkennung, Vorhersage über das Ausfallrisiko einer Hypothek	Ein überzeugendes rechtliches Dokument verfassen, Möbel in ein Apartment im 3. Stock bringen

Tabelle 1.3: Programmier-Schwierigkeiten, Quelle: Frank Levy und Richard J. Murnane: Third Way, Dancing with Robots. Human Skills for Computerized Work. (Third Way 2013). http://content.thirdway.org/publications/714/Dancing-With-Robots.pdf S. 12

Die Auswirkungen der Automatisierung lassen sich nachvollziehen, wenn man sich anschaut, welche Arten von Tätigkeiten seit 1960 zugenommen und welche abgenommen haben. Abbildung 1.10 zeigt dies am Beispiel der USA.

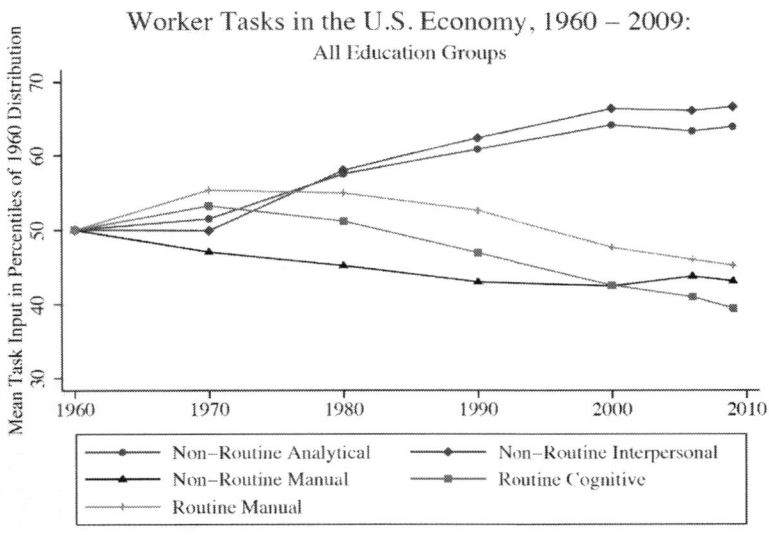

Abbildung 1.8: Arbeitsaufgaben in der US-Wirtschaft von 1960 bis 2009, Quelle: David Autor and Brendan Price: The Changing Task Composition of the US Labor Market: An Update of Autor, Levy, and Murnane (2003). MIT (2013), http://economics.mit.edu/files/9758. S. 5

29

Routinearbeiten lassen sich zunehmend automatisieren, sowohl körperliche Aufgaben wie Montagearbeiten als auch kognitive Aufgaben wie Schreibarbeiten. Entsprechend sinkt auch die Nachfrage nach den entsprechenden Qualifikationen. Auch Non-Routine-Arbeiten wie beispielsweise Installationsarbeiten nehmen ab, allerdings nur bis zu einem gewissen Grad – solange wir noch Installateure für Reparaturen im Haushalt brauchen. Aber auch das kann sich ändern. Augmented-Reality-Technologien könnten in der Zukunft ermöglichen, dass ein Installateur vom anderen Ende der Welt unsere Hand (vielleicht mit haptischem Handschuh!) führt.

Welche Qualifikationen sollten wir also vermitteln? Fähigkeiten, die in der Zukunft gebraucht werden, sind solche für Non-Routine-, zwischenmenschliche Arbeiten (wie z.B. im Beratungsbereich) und Non-Routine-, analytische Arbeiten (wie z.B. in den Bereichen Maschinenbau oder Chirurgie).[15]

Wir müssen unserer Betrachtung noch eine weitere Ebene hinzufügen. Denn viele Aufgaben können auch aus der Ferne ausgeführt werden. Und je vernetzter die Welt wird, desto kleiner wird sie auch. Wenn also eine Aufgabe aus der Ferne zu einem niedrigeren Preis und zur gleichen Qualität wie vor Ort ausgeführt werden kann, so wird die Nachfrage nach dieser Aufgabe vor Ort sinken. Verallgemeinert lässt sich sagen: Jede Aufgabe, die auch aus der Ferne, quasi unpersönlich ausgeführt und dem Kunden elektronisch übermittelt werden kann, lässt sich leichter ins Ausland verlegen (Offshoring).[16]

---

[15] David Autor und Brendan Price: The Changing Task Composition of the US Labor Market: An Update of Autor, Levy, and Murnane (2003). MIT (2013), http://economics.mit.edu/files/9758
[16] Alan S. Blinder: How Many U.S. Jobs Might Be Offshorable? Princeton University CEPS Working Paper No. 142. März 2007

Diese beiden Erkenntnisse lassen sich zu einem Bild zusammenfügen, in dem die Arbeitswelt der Zukunft erkennbar wird. Es gibt zwei Faktoren, die bestimmen, welche Arbeiten in der Zukunft benötigt werden: Fordert die Arbeit persönliche Anwesenheit? Oder handelt es sich um eine Non-Routine-Arbeit? Der erste Faktor begrenzt die Möglichkeit des Offshorings, der zweite die Möglichkeit der Automatisierung. Tabelle 1.4 zeigt, wie diese beiden Faktoren zusammenwirken.

Non-Routine	Non-Routine unpersönlich: *schwer zu automatisieren, zunehmend zu verlagern*	Non-Routine persönlich: *schwer zu automatisieren, schwer zu verlagern*
Routine	Routine unpersönlich: *zunehmend zu automatisieren, zunehmend zu verlagern*	Routine persönlich: *zunehmend zu automatisieren, schwer zu verlagern*
	unpersönlich	persönlich

Tabelle 1.4: Routine und Non-Routine Arbeiten, Quelle: CCR, mit den Überlegungen von Blinder (2007) für die X-Achse und Autor & Price (2013) für die Y-Achse

Wir können daraus eine allgemeine Regel ableiten: (Aus-) Bildung für den Arbeitsmarkt muss sich von Routine- und unpersönlichen Aufgaben weg orientieren, hin zu persönlichen, komplexeren kreativen Aufgaben, die nur Menschen gut erledigen können. Entlang der technischen Entwicklung wird es also einen weiterhin wachsenden Bedarf nach Programmierern und anderen Spezialistinnen und Spezialisten für Wissenschaft und Technik geben, genauso wie für Menschen, die sich in kreativen und zwischenmenschlichen Aufgaben hervortun. Diese Arbeiten sind am schwierigsten zu automatisieren oder ins Ausland zu verlagern. Während Computer die Routine-Aufgaben übernehmen werden, bleiben den Menschen diejenigen Arbeiten, die sie besser beherrschen als Maschinen. Häufig werden Menschen dabei Computer als wichtige Hilfsmittel nutzen, um ihren Arbeitsergebnissen eine neue Qualität zu verleihen, anstatt dass sie von ihnen ersetzt werden.

Allerdings könnte sich diese Regel selbst ändern, wenn wir Computern beigebracht haben, wie sie riesige Datenmengen verarbeiten und komplexe Entscheidungen treffen können, so dass sie selbständig neue und kreative Dinge schaffen können.[17] Die Jobs der Zukunft werden weiterhin im Wandel bleiben. Wir müssen aufmerksam bleiben, um zukunftsfähige Kompetenzen zu vermitteln und den Lernenden Erfolg in der zukünftigen Welt zu ermöglichen (mehr dazu in Kapitel 3, „Die Dimension Wissen").

Das Wettrennen zwischen Technik und Bildung

Zivilisation ist ein Wettrennen zwischen Bildung und Katastrophe.
— H. G. Wells, Schriftsteller, Historiker, Soziologe

Mit dem technischen Fortschritt steigen auch die Ansprüche an die Bildung, die es braucht, um Technik effektiv einzusetzen. Bildung muss sich anpassen, um mithalten zu können. So gesehen befinden sich Technik und Bildung im Wettrennen miteinander.[18]

---

[17] beispielsweise Musik, vgl. http://artsites.ucsc.edu/faculty/cope/experiments.htm
[18] C. D. Goldin and L. F Katz: The Race between Education and Technology. Cambridge, MA: Harvard University Press, 2009.

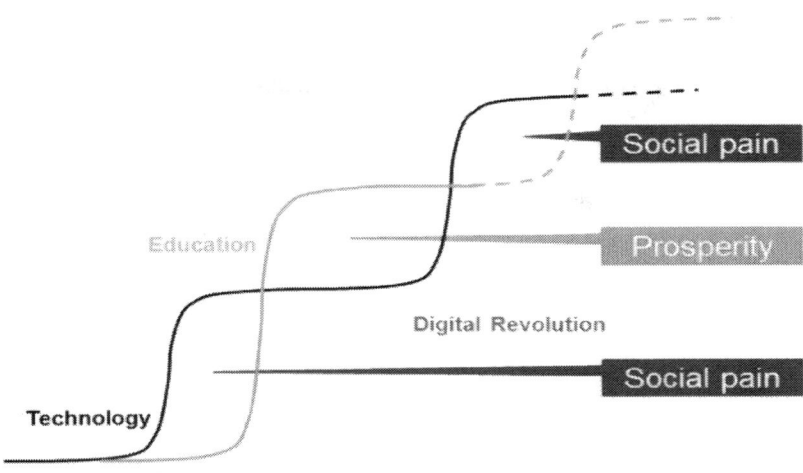

Abbildung 1.9: Technik und Bildung, Quelle: CCR (inspiriert von *The Race between Education and Technology*)

Wenn die Bildung hinter dem technischen Fortschritt zurückbleibt, so sind die Menschen nicht ausreichend für die Arbeitswelt qualifiziert und werden ihre Aufgaben nicht so produktiv oder nicht so gut erfüllen, wie dies möglich wäre. Außerdem steigt die ökonomische Ungleichheit, weil die wenigen, die sich herausragende Bildungsangebote leisten können, sich mehr Möglichkeiten für ihr Weiterkommen sichern können, während andere sich aufgrund mangelndem Zugangs zu nachhaltiger Bildung wenig Hoffnung auf die Verbesserung ihrer Lage machen können. In der Folge leiden sowohl die Individuen als auch die Gesellschaft als Ganzes an Arbeitslosigkeit, Unterbeschäftigung, Einkommensunterschieden, persönlichen Belastungen und sozialen Unruhen.

Wie zufrieden sind Arbeitgeber und Lernende mit den gegenwärtigen Leistungen ihres Bildungssystems? Die Berater von McKinsey haben in den Antworten auf diese Frage eine enorme Kluft (um den Faktor 2!) gefunden. Auf der einen Seite steht die (überwiegend zufriedene) Wahrnehmung der Bildungsanbieter und auf der anderen die (überwiegend unzufriedene)

Meinung ihrer Kunden – der Jugend und den Arbeitgebern (vgl. Abbildung 1.10).[19]

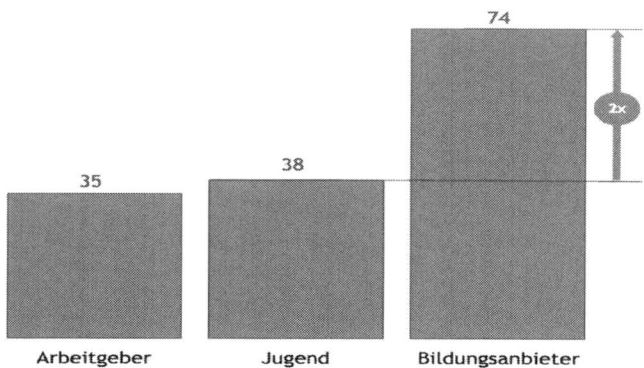

Abbildung 1.10: Prozentanteil der Befragten, die zustimmen, dass Absolventen / Berufseinsteiger angemessen vorbereitet sind., Quelle: Education to Employment: Getting Europe's Youth into Work. McKinsey & Company, Januar 2014, www.mckinsey.com/insights/social_sector/converting_education_to_employment_in_europe

Was also brauchen Lernende in einer Welt, in der die meisten Routine- und unpersönlichen Aufgaben von Computersystemen übernommen werden? Braucht es noch das Auswendiglernen von großen Mengen an Inhalten, wenn wir die Antworten auf jede unserer Fragen im Internet finden können?

Es gibt viele brauchbare Antworten auf diese Fragen. Aber sie zielen selten darauf ab, dass wir einfach nur *mehr* Wissen brauchen. Stattdessen geht es

---

[19] Den drei Gruppen wurde je ein Aussage vorgelegt:
- für Arbeitgeber: „Insgesamt wurden die Berufseinsteiger, die wir im letzten Jahr eingestellt haben, von der vorherigen (Aus-)Bildungseinrichtung angemessen vorbereitet."
- für die Jugend: „Insgesamt denke ich, dass ich für den Berufseinstieg in dem von mir gewählten Berufsfeld angemessen vorbereitet wurde."
- für Bildungsanbieter: „Insgesamt sind Absolventen aus meiner Institution angemessen auf den Berufseinstieg in ihrer Fachrichtung vorbereitet."

darum, *mehr relevantes* Wissen zu erwerben, wie man dieses Wissen auf neue und unterschiedliche Weise anwenden kann und um die Entwicklung der drei weiteren Dimensionen der Bildung: Skills, Charaktereigenschaften und Strategien für das Meta-Lernen.

Kapitel 2 – Bildungsziele für das 21. Jahrhundert

Die Natur und die Entwicklung von Bildungszielen

Die Entwicklungsziele des Menschen sind pointiert in der Bedürfnispyramide zusammengefasst, die auf den Überlegungen des Psychologen Abraham Maslow aufbaut (Abbildung 2.1).

Individuelle Bildungsziele

Abbildung 2.1: Maslowsche Bedürfnispyramide, Quelle: CCR

Die Darstellung in der Form einer Pyramide betont, dass die unteren Ebenen von grundlegender Bedeutung für das Wohlergehen eines Menschen sind. Entsprechend ist es schwieriger, die oben stehenden Bedürfnisse zu erfüllen, wenn die unteren nicht gestillt sind. Das bedeutet allerdings nicht, dass die Ebenen zeitlich aufeinander aufbauen. Vielmehr sind alle Ebenen als wichtige Entwicklungsanforderungen ständig vorhanden und können zum gleichen Zeitpunkt relevant sein.

Auf der untersten Ebene stehen die physiologischen Bedürfnisse, ohne die wir als Lebewesen nicht existieren können: Luft, Wasser, Nahrung und ein Dach über dem Kopf. Darüber folgen die Sicherheitsbedürfnisse wie z.B. materielle und finanzielle Sicherheit, Gesundheit und Schutz vor Gefahren. Ein Mensch, der für sich die unteren Ebenen nicht erfüllt oder gefährdet sieht, kann sich schwerlich auf Ziele auf höheren Ebenen konzentrieren. Dieser Fall tritt bei Schülerinnen und Schülern auf, die in Armut leben, sich über ausreichende Nahrung und wirtschaftliche Sicherheit sorgen oder mit familiären Belastungen oder Gewalt leben müssen. Ihnen fällt es schwer, sich auf die Anforderungen der Schule und den damit verbundenen Anforderungen auf den höheren Ebenen einzulassen.

Die nächste Ebene in der Pyramide betrifft Liebe und Zugehörigkeit. Als soziale Wesen ist es für Menschen von entscheidender Bedeutung, dass sie Zugehörigkeitsgefühl, Freundschaft, ein positives Familienumfeld, gefestigte und enge Beziehungen erleben. Darüber folgt das Bedürfnis nach Anerkennung, das gestillt wird, wenn man sich von anderen Menschen respektiert und wertgeschätzt erlebt und das Gefühl hat, dass das eigene Handeln von Bedeutung ist. Werden diese Bedürfnisse nicht erfüllt, kann sich das für einen Menschen in psychologischen Belastungen ausdrücken, etwa in niedrigem Selbstwertgefühl, geringem Vertrauen oder Gefühlen der Unterlegenheit. Psychische Krankheiten, z.B. Depressionen, können einen Menschen davon abhalten, diese sozialen Bedürfnisse zu befriedigen.

Auf den höchsten Ebenen der Pyramide stehen Selbstverwirklichung und Transzendenz. Mit Selbstverwirklichung ist gemeint, dass ein Mensch sein Potenzial voll ausschöpfen kann, also alles tun kann, zu dem er in der Lage ist. Das kann unterschiedlich aussehen, abhängig von den individuellen

Zielen. Für die eine Person kann es bedeuten, eine perfekte Mutter oder ein perfekter Vater zu sein, während ein anderer Erfüllung in künstlerischer Selbstverwirklichung findet. Ganz oben schließlich steht Transzendenz. Dahinter steht das Verlangen eines Menschen, sich mit höheren Zielen in Einklang zu bringen, die über ihn selbst hinausreichen. Für den einen kann das durch Engagement für andere Menschen geschehen, für andere durch Meditation oder andere spirituelle Praktiken.

Gesellschaftliche Ziele

Als Individuen sind wir selbstverständlich stark von den gesellschaftlichen Umständen um uns herum beeinflusst. Als aktive Bürgerinnen und Bürger und Mitglieder einer Gemeinschaft fühlen wir uns verpflichtet, unseren Teil zu den größeren Zielen der Gesellschaft beizutragen und auch unsere Kinder entsprechend zu erziehen.

Angesichts der immer stärker vernetzten Welt müssen wir unsere gesellschaftlichen Ziele breiter als bisher denken, wenn es um Ebenen wie Bewusstsein, Komplexität und Größenordnung geht. Wir müssen berücksichtigen, wie wir uns gegenseitig beeinflussen, vor Ort und im digitalen Raum. So wie Sokrates von der „society as the soul writ large,"[20] gesprochen hat, können wir die Maslowsche Bedürfnispyramide auch auf die Ebene der gesellschaftlichen Ziele übertragen und dabei die Perspektive der gesamten Menschheit einbeziehen.

Auf den unteren Ebenen geht es darum, dass die menschliche Gattung – und alle anderen Spezies, auf die wir für unsere Existenz angewiesen sind – wachsen und gedeihen. Wir brauchen die Sicherheit, dass wir ausreichend Nahrungsmittel für alle haben, dass unsere Sozialsysteme stabil

---

[20] („Gesellschaft als erweiterte Ausgabe der Seele") Plato, Plato in Twelve Volumes, Vols. 5 and 6, trans. by Paul Shorey. Cambridge, MA: Harvard University Press, 1969.

sind usw. Auf den höheren Ebenen streben wir danach, unser gemeinsames Potenzial zu entfalten, indem wir uns sozial und technisch weiterentwickeln, Vorurteile überwinden, die besten wissenschaftlichen Erkenntnisse zusammentragen und in unserem Handeln berücksichtigen usw.

Für die Spitze der Pyramide ließe sich das Bedürfnis formulieren, ein global-menschliches Gefühl von Verbundenheit und Zusammenhalt zu erlangen. Wenn jeder Einzelne, jede Gruppe die eigene Stimme dazu beiträgt, so kann der gemeinsame Chor deutlich lauter und harmonischer klingen als die Summe der einzelnen Stimmen.

Ganz anders als bei diesen Überlegungen werden gesellschaftliche Ziele bisher in der Regel nach ökonomischen Gesichtspunkten diskutiert. Als Maßstäbe dienen Wachstum und Wohlstand, gemessen als Bruttoinlandsprodukt (BIP). In der Theorie soll dieser Maßstab stellvertretend für verschiedene Aspekte des Fortschritts stehen, also beispielsweise für Teilhabe an der Gesellschaft oder allgemein für den Erfolg von ganzen Ländern. In der Praxis kommt der ökonomische Maßstab schnell an seine Grenzen, denn er bezieht zum Beispiel die Gesundheit der Bevölkerung oder den Zustand der Umwelt nicht mit ein. Vor diesem Hintergrund mehren sich die Überlegungen, so etwas wie Wohlergehen auf einer breiteren Basis verschiedener Indikatoren zu messen. Heute setzt sich die Einsicht durch, dass wir für unsere gesellschaftlichen Ziele nicht die Maßstäbe wählen sollten, die einfach zu messen sind, sondern die aussagekräftig für persönliche und gesellschaftliche Errungenschaften sind.

Die Organisation für wirtschaftliche Zusammenarbeit und Entwicklung (OECD) mit Sitz in Paris hat den *Better Life Index* initiiert. Mit einem Online-Tool [21] kann jedermann den eigenen Wohlergehens-Index

---

[21] Better Life Index, http://www.oecdbetterlifeindex.org/de

zusammenstellen, indem er verschiedenen Faktoren individuelle Prioritäten zuweist. Darin lassen sich elf Themen berücksichtigen: Wohnverhältnisse, Einkommen, Beschäftigung, Gemeinsinn, Bildung, Umwelt, Zivilengagement, Gesundheit, Lebenszufriedenheit, Sicherheit und Work-Life-Balance.

Die UN hat *Ziele für Nachhaltige Entwicklung* definiert, die 17 Bereiche umfassen, in denen bis 2030 messbare Fortschritte erzielt werden sollen.[22]

Abbildung 2.2: Sustainable Development Goals, Quelle:
https://www.unesco.de/fileadmin/medien/Dokumente/Bildung/Bildungsagenda_2030_Aktionsrahmen
_Kurzfassung_DeutscheVersion_FINAL.pdf S. 24

---

[22] United Nations: Sustainable Development Goals, https://sustainabledevelopment.un.org/topics. Deutsche Übersetzung von Jens Martens und Wolfgang Obenland: Die 2030-Agenda. Globale Zukunftsziele für nachhaltige Entwicklung. Global Policy Forum und terre des hommes, Februar 2016

Ein weiterer Index, der Ziele auf der gesellschaftlichen Ebene misst, ist der *Social Progress Index* (Index für sozialen Fortschritt). Er vergleicht Länder auf drei Ebenen:

- grundlegende menschliche Bedürfnisse (Ernährung und medizinische Versorgung, Wasser und sanitäre Anlagen, Obdach und körperliche Sicherheit),
- Grundlagen für das Wohlergehen (Zugang zu Grundbildung, Zugang zu Information und Kommunikation, Gesundheit und Wohlbefinden, ökologische Nachhaltigkeit),
- Chancen (Persönlichkeitsrechte, persönliche Freiheit und Wahlmöglichkeiten, Toleranz und Inklusion, Zugang zu weiteren Bildungsangeboten)[23]

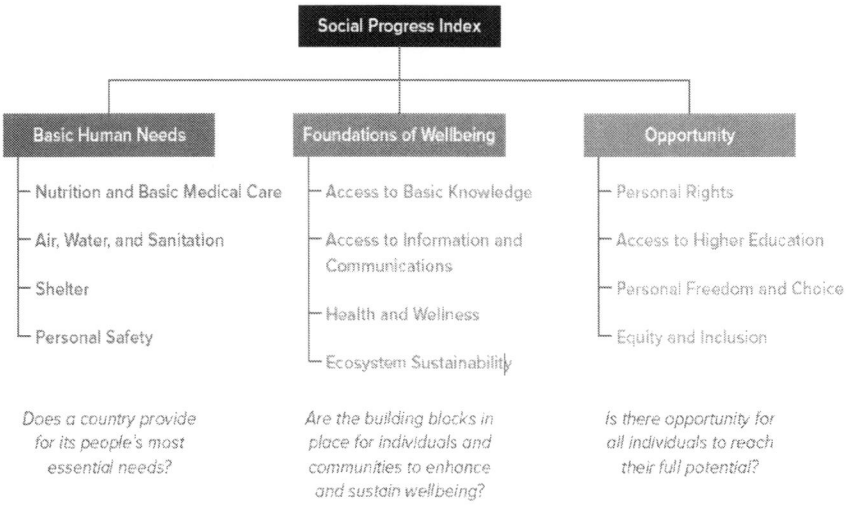

Abbildung 2.3: Social Progress Index, Quelle: Social Progressive Imperative

Der *Good Country Index* misst anhand von sieben Bereichen, wie viel ein Land zum Wohlergehen der Welt insgesamt beiträgt.[24] Andere Messungen

---

[23] Social Progress Index, http://www.socialprogressimperative.org/global-index/data-definitions/
[24] Wissenschaft und Technik, Kultur, internationaler Frieden und Sicherheit, Weltordnung, Erde und

berücksichtigen Glück als Unterscheidungsmerkmal von gesellschaftlichem Erfolg.[25] Die Frage, die all diesen Messungen von Gesundheit und Wohlbefinden unserer Gesellschaften zugrunde liegt, lautet: *Wie werden wir lernen, dass wir nicht nur ökonomisches Wachstum, sondern auch sozialen Fortschritt und allgemeines Wohlergehen als Ziele verfolgen?* Das ist die Frage, auf die Entscheidungsträger und Lernende für das 21. Jahrhundert innovativere und anspruchsvollere Antworten finden müssen.

Zurück zu der Frage nach den Bildungszielen: Müssen wir diese auf der individuellen oder auf der gesellschaftlichen Ebene ansiedeln? Diese Dichotomie ist falsch. Betrachten wir noch einmal das Wechselspiel im Wettrennen zwischen Technik und Bildung, das im vorherigen Kapitel beschrieben wurde. Wenn Bildung hinter der technischen Entwicklung zurückbleibt, können die Anforderungen des Arbeitsmarktes nicht erfüllt werden. Im Ergebnis leiden die Gesellschaft und die Individuen an ungleichen Einkommen, niedriger Produktivität und zunehmender sozialer Instabilität. Die Ziele des Individuums sind also eng mit denen der Gesellschaft verbunden und umgekehrt.

Im Idealfall können alle Individuen in allen Gesellschaften (und in der globalen Gesellschaft) ihre physiologischen Bedürfnisse, ihr Streben nach Sicherheit, Zugehörigkeit, Anerkennung, Selbstverwirklichung und Transzendenz erfüllen, während die Gesellschaft selbst blüht und gedeiht. Beide Ebenen befördern sich gegenseitig. Dieser Idealfall beschreibt das übergeordnete gesellschaftliche Ziel von Bildung.

Klima, Wohlstand und Gleichheit, Gesundheit und Wohlergehen – http://www.goodcountry.org/overall
[25] beispielsweise der *Bhutan's Gross National Happiness* Index (www.gnhc.gov.bt/) und der *Happy Planet Index* (www.happyplanetindex.org)

Bildungsziele

Auf welchen Ebenen verfolgt nun das formale Bildungssystem die Ziele von Individuen und Gesellschaft? Es gibt vier verschiedene Funktionen im formalen System für Kinder und Jugendliche, die den Bürgern der Gesellschaft dienen sollen.

1. Betreuung

Im Rahmen der Kinderbetreuung gibt es Angebote für Familien, so dass nicht jede Familie die Betreuung aus eigener Kraft und auf eigene Rechnung organisieren muss.

2. Sozialisierung

Durch den Kontakt mit anderen Kindern und Jugendlichen werden grundlegende soziale Fähigkeiten entwickelt. Über unzählige selbstgesteuerte Interaktionen werden Beziehungserfahrungen gesammelt, die die Grundlage für komplexere sozio-emotionale Kompetenzen und Charaktereigenschaften bilden.

3. Akkreditierung und Bewertung

Das formale Bildungssystem verspricht in Form von Gütesiegeln, dass ähnliche Lernerfahrungen und erfolgreiche Abschlüsse für Dritte erkennbar werden. Über Standardisierung und Qualitätskontrolle soll gewährleistet werden, dass den Lernenden ein bestimmtes Wissensniveau zugeordnet werden kann.

4. Bildungsziele, Standards, Lehrpläne

Ein gemeinsamer Kanon umfasst Wissen, Fähigkeiten und anderen Kompetenzen, sowie die Wege, wie diese gelernt werden sollen. Alles zusammen soll gewährleisten, dass Lernende ein Grundverständnis von relevanten Themen und grundlegenden Fähigkeiten bekommen, das ihnen hilft, sich in der Welt gut zurechtzufinden. Die Gesellschaft wiederum soll durch eine gemeinsame Bildungsgrundlage in ihrem Zusammenhalt gestärkt werden, so dass daraus gemeinsame Verständnisse und Bezüge erwachsen. Diese Gemeinsamkeiten sind sowohl für die Verwirklichung des Individuums als auch für das Wachstum der Gesellschaft notwendig.

Der letztgenannte Punkt (Bildungsziele, Standards, Lehrpläne) macht den Kern unserer Arbeit und dieses Buches aus. Wenn Bildung im Sinne einer Antwort auf individuelle und gesellschaftliche Bedürfnisse erfolgreich sein soll, muss dieser Kanon von Bildungsprinzipien und -praktiken auf die persönliche Entwicklung von Individuen, auf die gesellschaftlichen Herausforderungen und auf die sich wandelnden Anforderungen eines lokalen und globalen Arbeitsmarkts abgestimmt sein.

Für das Individuum muss das Bildungssystem seinen Entwicklungsbedürfnissen entlang der Maslowschen Bedürfnispyramide Nahrung bieten. Es muss Räume bieten, in denen Sicherheit, soziale Bindungen, geschütztes Experimentieren möglich sind, so dass das Individuum seine Interessen und seinen Platz in der Gesellschaft und in der Welt finden kann.

Für die Gesellschaft ist wichtig, dass das Bildungssystem die Schülerinnen und Schüler auf die Anforderungen der Welt vorbereitet, indem die Lernenden nützliches und relevantes Wissen, Skills, Charaktereigenschaften und Strategien für das Meta-Lernen entwickeln. Diese gesellschaftlichen Anforderungen verändern sich im 21. Jahrhundert zusehends. Ein Beispiel: Früher gab es drei Fernsehprogramme, und man konnte sicher sein, dass die meisten anderen Menschen das Gleiche wie man selbst gesehen hatten. Heute haben wir eine ständig anwachsende Flut von Online-Informationen, die sich über Social Media verbreiten. Und trotzdem haben Lernende auf der ganzen Welt, selbst wenn sie sich noch nie getroffen haben, eine gemeinsame Sprache, die aus Memen, Gedanken und Anspielungen besteht. Es muss Teil von Standards und Lehrplänen sein, dass Menschen die Kompetenzen dafür entwickeln, sich Informationen in der notwendigen Tiefe auszuwählen und intelligent anzueignen. Wir müssen unsere Bildungsziele, Standards und Lehrpläne neu ausrichten, damit sich unser veränderndes Wissen und die sich wandelnde Welt darin abbilden.

In der Praxis gibt es allerdings ein Spannungsfeld zwischen dem notwendigen Wandel von Bildungszielen, -standards und Lehrplänen auf der einen Seite und der Notwendigkeit von Akkreditierung und standardisierten Prüfungen auf der anderen Seite. Akkreditierung spielt häufig eine zentrale Rolle, wenn wir Themenfelder, Fächer, Abschlüsse und die Qualität von Bildungsangeboten bewerten. Eltern und Lernende verlassen sich auf diese Qualitätskontrolle des Akkreditierungssystems, um nicht alle Aspekte aller Bildungsinstitution selbst bewerten zu müssen. Markennamen dienen als einfache Entscheidungshilfen für Qualität (insbesondere im Anschluss an die schulische Ausbildung) und entlasten Eltern und ihre Kinder bei der Entscheidung über weitere Bildungswege.[26]

Diese Entwicklung hat zwei gravierende Folgen: Akkreditierungsstandards und die dazugehörigen Prüfungen müssen naturgemäß externe Leistungsmerkmale testen und Lernende miteinander vergleichen und sortieren. Das läuft dem Ziel entgegen, dass jeder seine persönlichen Lernziele verfolgen kann. Wenn Lernende von außen bewertet werden und diese Ergebnisse ihre zukünftigen Möglichkeiten beeinflussen, so werden dadurch extrinsische Motivationen verstärkt, was häufig verringerte intrinsische Motivation für das Lernen nach sich zieht.

---

[26] Anm. d. Übersetzers: Die hier beschriebene Situation trifft in Deutschland nur eingeschränkt zu.

Mit der Akkreditierung können außerdem Marktmechanismen für die Bildungsinstitutionen verstärkt werden, so dass Hochschulen sich an Studierenden orientieren, die – direkt oder indirekt, früher oder später – Geld für das Studium bringen. Diese Ökonomisierung von Bildung, die Lernende als Kunden und Bildungsinstitutionen als Unternehmen sieht, überdeckt den sozialen Zweck eines Bildungssystems. Die Konkurrenz zwischen Lernenden und zwischen Bildungsinstitutionen nimmt zu und lenkt den Blick auf die extrinsischen Ziele – zulasten der individuellen Bildungsziele (mehr dazu in Kapitel 6 „Die Dimension Meta-Lernen").

Bildung im Wandel?

Obwohl die Welt sich in beispiellosem Tempo verändert, vollzieht sich der Wandel im Bildungsbereich nur langsam. Die nachstehende Abbildung zeigt die Veränderung der Hauptfächer, wie sie in der Schule von der Antike bis heute unterrichtet werden.

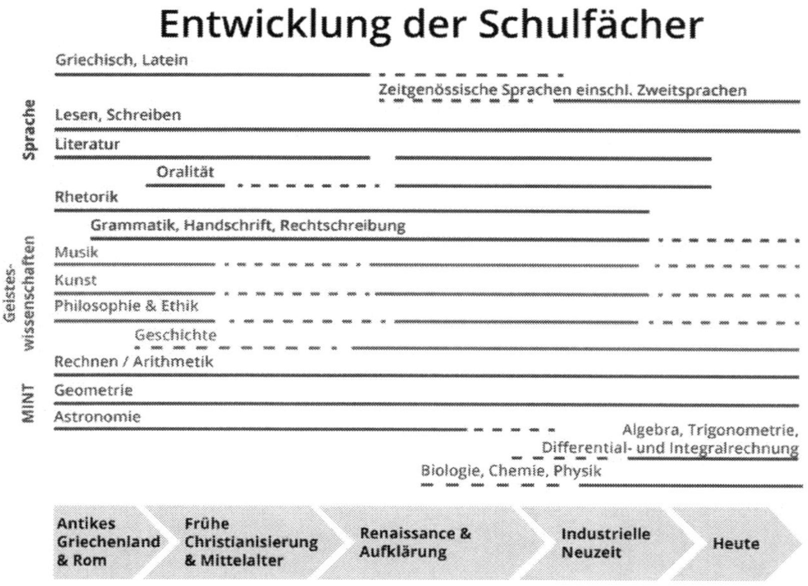

Abbildung 2.4: Schulfächer im Zeitverlauf., Quelle: CCR

Im Laufe der Jahrhunderte sind einige neue Bereiche hinzugekommen, beispielsweise weitere Teilgebiete der Mathematik und die naturwissenschaftlichen Fächer. Andere Fächer wie Rhetorik wurden aufgegeben. Insgesamt ist der Kern unserer Wissensfelder aber über die Zeit bemerkenswert konstant geblieben.

Eines der größten Hindernisse, wenn es darum geht, Ziele, Standards und Curricula in der Bildung zu verändern, ist unsere historisch gewachsene Trägheit. Selbst wenn wir die Bedeutung einer Reihe von weitergehenden Kompetenzen anerkennen, fällt es uns schwer, neue Themen und Fertigkeiten in ein bestehendes und ohnehin schon überfülltes System zu integrieren. Unter diesen Einschränkungen werden ambitionierte Neuerungen nahezu unmöglich. In den meisten Fällen werden neue Ziele und Inhalte einfach nur an ein ohnehin schon überbordendes Curriculum angedockt. Relativ wenige Pädagoginnen und Pädagogen schaffen es angesichts des Drucks von zentralen Prüfungen, konsequent ausreichende Zeiten für die zusätzlichen Ziele aufzubringen.

Schauen wir uns an, nach welchen Mechanismen diese Trägheit funktioniert. Auf der politischen Ebene gibt es in den meisten Ländern eine gewisse (gewollte) Unbeständigkeit, mit Wahlen und potentiellen Machtwechseln alle paar Jahre. Die zuständigen Personen wechseln häufig, sowohl an der Spitze als auch auf der Arbeitsebene. Der politische Druck ist hoch, die sich teilweise widersprechenden Interessen von Wählerinnen und Wählern, Eltern, Gewerkschaften, der Wirtschaft etc. auszugleichen. Das erschwert die Kontinuität, die es braucht, um groß angelegte Entwicklungen zu berücksichtigen, auf langfristige Ziele hin zu planen, kalkulierte Risiken einzugehen - kurz: Veränderungen und Innovationen anzugehen.

Auf der fachlichen Ebene liegt die Entscheidungskompetenz oft bei Sachverständigen, die Expertinnen und Experten für ihr jeweiliges Fachgebiet sind. Man kann sich vorstellen, dass die Auffassungen dieser Fachleute eine gewisse Färbung haben. Die Expertinnen und Experten fühlen sich verpflichtet, nicht hinter die bisherigen Standards zurückzufallen, zumal einige von ihnen schon zum Kreis derjenigen gehörten, die diese Standards etabliert bzw. aufrechterhalten und verteidigt haben. Sie sind ihrem Fachgebiet verbunden, und es wird ihnen schwerfallen, Bausteine aus ihrem Themenbereich zu streichen, selbst wenn der Inhalt veraltet oder weniger nützlich werden sollte.

Nicht nur das – es ist für Fachleute auch besonders schwierig, ihrem angestammten Gebiet neue Felder hinzuzufügen. Ein Beispiel: Algorithmik und Spieltheorie sind Themen von besonderer Relevanz für gegenwärtige Weiterentwicklungen in Bereichen, die auf Mathematik aufbauen. Dennoch werden die beiden Themen von eher traditionellen Mathematikern nicht als Teil einer Curriculumsreform im Fach Mathematik berücksichtigt. Hinzu kommt, dass die einschlägigen Expertinnen und Experten in der Regel einen eher akademischen Hintergrund haben, der nicht immer eng mit den Anforderungen im „echten Leben" verknüpft ist. So haben manche ein eingeschränkte Wissen darüber, wie das eigene Fach gegenwärtig in der Praxis jenseits des Elfenbeinturms Anwendung findet.

Und schließlich: Diese Fachleute sind stark davon beeinflusst, wie andere Expertinnen und Experten in ihrem Feld vergleichbare curriculare Überarbeitungen handhaben. Sie unterwerfen das eigene Denken dem vermuteten Denken der anderen. Es entwickelt sich ein Gruppendenken, aus dem selten wirkliche Innovation entsteht.

Die erfolgreiche Umsetzung der CCR Bildungsziele wird von zwei entscheidenden Faktoren abhängen. Auf der politischen Ebene brauchen wir einen stabilen Konsens zwischen Parteien und anderen Interessengruppen, der auf einer klaren Vision aufbaut, welche Bildung Lernende heute brauchen. In den Fachgremien müssen wir kontinuierlich Expertinnen und Experten aus der Praxis hinzuziehen, in Ergänzung zu reformorientierten Wissenschaftlern.

Wir müssen auf die Hebelkraft von Best-Practice-Beispielen aus Bildungssystemen auf der ganzen Welt setzen (und aus der Wirtschaft, wenn es dazu passt). Wir müssen sorgfältig die Relevanz unserer Lehrinhalte auf den Prüfstand stellen, die traditionellen Fächer neu sortieren, moderne Inhalte hinzufügen und einen Schwerpunkt auf ganzheitliches Lernen legen – nicht nur von Wissen, sondern auch von Skills, Charakter und Strategien für das Meta-Lernen legen. Und schließlich brauchen wir den Mut, uns auf Neues einzulassen. Wir müssen die Bequemlichkeit eines existierenden Systems hinter uns lassen, Ungewissheit akzeptieren und auf ein besseres System hinarbeiten.

Kernanforderungen an ein Curriculum für das 21. Jahrhundert

Wenn wir Lernende heute so unterrichten, wie wir gestern unterrichtet wurden, nehmen wir ihnen ihr Morgen.
– John Dewey

Anpassungsfähigkeit

In der Natur überleben Organismen, die gut in eine neue Umwelt passen (englisch: „fit"). Diejenigen, die nicht so gut passen (englisch: „unfit"), sterben aus. Das ist der zentrale Grundsatz der natürlichen Auslese.

49

Seltener diskutiert wird, wie Arten überleben können, indem sie eine Fähigkeit zur Anpassung an ihre Umgebung entwickeln. Die Kohlmeise (Parus major) ist ein recht kleiner Vogel mit recht kurzer Lebensspanne. Sie ist ein Beispiel für eine Spezies, die eine hohe Chance für langfristiges Überleben hat, selbst bei drastischen Veränderungen in ihrer Umwelt. Diese Vögel sind in ihrem Verhalten äußerst versatil, also vielseitig und beweglich. Sie legen ihre Eier dann, wenn der Zeitpunkt aufgrund der Bedingungen um sie herum optimal ist. Als Spezies entwickeln sie sich schnell weiter und halten auf einer kollektiven Ebene mit den Änderungen in ihrer Umwelt Schritt.[27]

Wir Menschen haben als Spezies bisher nicht nur überlebt, sondern sind aufgrund unserer unglaublichen Anpassungsfähigkeit auch gediehen (bis zu dem Punkt, an dem wir einige Grenzen unserer globalen Ressourcen erreicht haben). Wir haben Werkzeuge erfunden und verfeinert, wir haben Kontrolle über unsere Nahrung erlangt, indem wir sie selbst angebaut haben, und wir haben diese Innovationen auf der ganzen Welt verbreitet. Wir haben gelernt, wie wir Massenproduktion, Arbeitsorganisation, Selbstverwaltung und ein weltweites Netz aus Information und Kommunikation aufbauen. Unsere technischen Durchbrüche haben uns ermöglicht, die ganze Welt zu besiedeln und genetische Unterschiede, die für unsere historischen Vorfahren tödlich waren, zu überwinden. Das alles war uns möglich, weil unsere Gehirne sich zu einer beträchtlichen Größe entwickelt haben und sich kontinuierlich an die Umwelt um uns herum anpassen. Während andere Tiere viele Fähigkeiten schon von Geburt an haben, zum Beispiel sofort laufen können, bleiben Menschenkinder für einen relativ langen Zeitraum ihrer Entwicklung auf Hilfe angewiesen. Damit wird sichergestellt, dass jeder Mensch optimal auf die jeweilige Umwelt und Kultur „eingestellt" wird, da sich sein Gehirn an alles anpasst,

---

[27] Oscar Vedder, Sandra Bouwhuis, Ben C. Sheldon: "Quantitative Assessment of the Importance of Phenotypic Plasticity in Adaptation to Climate Change in Wild Bird Populations," PLoS Biology 11, no. 7 (2013), DOI: http://dx.doi.org/10.1371/journal.pbio.1001605

was seine Umgebung von ihm verlangt. Versatilität, verstanden als Vielseitigkeit, Beweglichkeit und Wandelbarkeit, ist der Schlüssel für das Überleben in einer sich verändernden Welt. Das gilt für die Spezies, und es gilt entsprechend auch für das Curriculum, die gemeinsame Basis des Verstehens und der Fertigkeiten unserer Gattungen.

Wenn ein Curriculum nicht anpassbar ist, wird es starr. Es gibt nicht das perfekte, das „fertige" Curriculum, solange die Welt sich ändert und sich damit auch die Ziele für das optimale Curriculum verändern. Je nach Inhalt kann diese Veränderung sich mit ganz unterschiedlichen Geschwindigkeiten vollziehen. So ändert sich beispielsweise die gerade relevante Programmiersprache alle zwei Jahre, wohingegen die Philosophie der Antike eine recht stabile Angelegenheit ist. Damit ist nicht gesagt, dass ein Curriculum jede Mode mitmachen muss. Es braucht vielmehr eingebaute Mechanismen, über die das Curriculum bei neuen Erkenntnissen oder Durchbrüchen ein Update bekommen kann.

Ein weiterer Aspekt eines anpassungsfähigen Curriculums besteht darin, dass Teile auch außerhalb des Klassenzimmers umgesetzt werden können – über Computerbildschirme buchstäblich von überall auf der Welt aus. Für einige wichtige Lernziele ist das Klassenzimmer nicht die optimale Lernumgebung. Heutzutage gibt es viele Möglichkeiten für intensive Lerngelegenheiten, die über die Grenzen des Klassenzimmers hinausgehen. Diese informellen Möglichkeiten umfassen verschiedene Programme im Nachmittagsbereich (von AGs bis zu Pfadfindern), Museen, digitale Ausflüge, Online-Lernprogramme, digitale Mikrozertifikate und Lernabzeichen, Praktika, Hospitationen, Service-Learning und vieles mehr.

Ein wahrhaft anpassungsfähiges Curriculum für das 21. Jahrhundert wird aus zwei Gründen nie „fertig" und abgeschlossen sein. Erstens: Das Wissen der Menschheit wächst ständig weiter und verändert sich, so dass ein Curriculum sich anpassen muss, wenn es aktuell bleiben soll. (Dieses Buch selbst ist ein anpassungsfähiges, lebendiges Dokument, das überarbeitet und verändert werden wird, wenn wir mehr darüber lernen, wie die Welt sich entwickelt, was sie braucht und auf welchen Wegen wir unsere individuellen und gemeinsamen Ziele am besten erreichen können.)

Zweitens: Es ist wichtig, dass wir im Curriculum einen Anteil für jeden Lernenden reservieren, der sich nach dessen individuellen Bedürfnissen, Interessen und Zielen richtet. Es hat sich gezeigt, dass persönliche Kontrolle über das eigene Lernen ein entscheidender Faktor ist, wenn Motivation des Lernenden, positive Lernergebnisse und die Entwicklung der exekutiven Funktionen[28] gefördert werden sollen. Darüber hinaus trägt es zu einer wichtigen Strategie für das lebenslange Lernen bei. Ein wirksames Curriculum stattet die Lernenden mit einer soliden Grundlage für verschiedene Wissensgebiete aus, wobei Schlüsselkonzepte, Verfahren, Methoden und Werkzeuge hervorgehoben werden. Es beinhaltet auch die relevanten praktischen, kognitiven und emotionalen Aspekte derjenigen Menschen, die dieses Wissen entwickeln und in der Welt anwenden. So werden die Lernenden in die Lage versetzt, selbst zu wählen, welche Felder sie weiterstudieren und welche Laufbahn sie in ihrem weiteren Leben einschlagen wollen.

Auf diese Weise setzt sich das Lernen im Leben eines Menschen immer weiter fort, wobei immer weniger Inhalte von oben vorgegeben werden und immer mehr vom Lernenden selbst gewählt und gesteuert werden. Die folgende Grafik illustriert den angestrebten Verlauf, den die Kontrolle über Lernzeiten im Verlaufe des Lebens nehmen sollte.[29] Etabliert man diesen Verlauf vom ersten Schultag an, kann das Curriculum zu Beginn ein Gerüst für das Lernen sein, das zurückgezogen wird, sobald es nicht mehr benötigt

---

[28] J. E. Barker et al.: Less-Structured Time In Children's Daily Lives Predicts Self-Directed Executive Functioning, Frontiers in Psychology 5 (2014)
[29] Von den Lernenden selbst gesteuerte Aktivitäten sind nicht berücksichtigt, aber sehr wichtig.

wird. So wird der Lernende in die Lage versetzt, sein Lernen auch nach Abschluss der Schulzeit den eigenen Interessen folgend fortzusetzen.

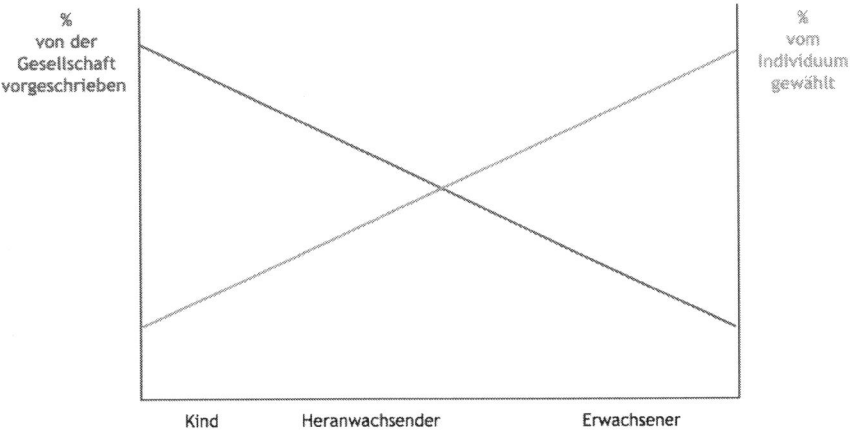

Abbildung 2.5: Verschiebung der Kontrolle über die Unterrichtszeit entlang der Entwicklung eines Menschen, Quelle: CCR

Gleichgewicht

Wenn man sich die komplexen Anforderungskataloge, die immense Meinungsvielfalt zum aktuellen Zustand des Bildungswesens und die Vielzahl von Theorien und Praxisansätzen zum Thema Lernen anschaut, dann passiert es nicht selten, dass man Opfer von falschen Schwarz-Weiß-Mustern wird. Typische Fragen dieser Denkweise lauten: Was sind die besseren Lernziele – Wissen oder Kompetenzen? Sollte Bildung mehr Gewicht auf die geisteswissenschaftlichen Fächer legen – oder müssen wir stattdessen die MINT-Fächer (Mathematik, Informatik, Naturwissenschaft, Technik) stärken? Sollten Schulen mehr Wert auf die Persönlichkeitsentwicklung legen – oder sind gute Abschlussnoten wichtiger?

Wir wollen in diesem Buch entschieden Position gegen diese falschen Gegensätze beziehen. Wir sind überzeugt, dass ein Curriculum für das 21. Jahrhundert, das wirklich ganzheitlich sein will, verschiedene Bildungsziele unter einem Dach vereinigen und ausbalancieren muss.
Die folgenden Beispiele ließen sich noch ergänzen.

1. Modernes Wissen und traditionelle Fächer

Moderne Themen wie Robotik, Entrepreneurship, Programmieren und Medienkompetenz müssen eingeführt werden – und dennoch bleiben traditionelle Fächer wie Lesen und Schreiben, Mathematik und Fremdsprachen weiterhin elementar. Wir müssen die bestehenden Lehrpläne sorgfältig durchkämmen und verzichtbare Einheiten entfernen, so dass Raum für die relevanten modernen Themen gewonnen wird. Das heißt nicht, dass wir die bestehenden Lehrpläne komplett verwerfen müssen. Es braucht aber eine tief gehende Neugestaltung.

2. Tiefe und Breite

Die Zeit in der Schule ist naturgemäß begrenzt. Dennoch sind wir überzeugt, dass das Curriculum ebenso Breite wie auch Tiefe unterstützen muss. Es braucht sowohl Überblickswissen und ein sehr gutes Verständnis der Wissenslandschaften in verschiedenen Feldern als auch die vertiefte Expertise zu spezifischen Themen. Lernende sollten ermutigt werden, die Verbindungen zwischen Themen herzustellen und gleichzeitig tief in eine Auswahl davon einzutauchen.

3. Natur- und Geisteswissenschaften

Zwar gibt es derzeit eine hohe Nachfrage nach Fachkräften im Bereich MINT (Mathematik, Informatik, Naturwissenschaft und Technik). Aber Versatilität ist eine gute Absicherung gegen die Unsicherheiten der Zukunft. In gut gestalteten Geistes- und Kulturwissenschaften können Lernende viele Fertigkeiten entwickeln, die für eine große Bandbreite von Berufen wichtig sind (kritisches Denken, Kreativität etc.). Die musischen Fächer können beim kreativen Denken, für eine verbesserte Selbstwahrnehmung beim Lernen, für ein positiveres Schulklima und vieles mehr sorgen.[30] Um es mit Steve Jobs zu sagen: „Technik alleine reicht nicht aus. Erst Technik, die mit Allgemeinbildung, Kunst und Geisteswissenschaften gepaart ist, bringt Ergebnisse hervor, die unsere Herzen singen lassen."

4. Geist und Körper

Schon ein altrömischer Dichter sagte: „mens sana in corpore sano", also „ein gesunder Geist in einem gesunden Körper". Gesunde Ernährung, gute Schlafgewohnheiten, Entspannung- und Konzentrationstechniken, Sport und Bewegung etc. haben nachgewiesenermaßen positive Auswirkungen auf Lernen, Motivation und Persönlichkeitsentwicklung. Körper und Geist sind auf komplizierte Weise miteinander verbunden. Es gibt Rückkopplungsschleifen zwischen ihnen, so dass wir nicht den einen ohne den anderen Aspekt bedenken können.

5. Wissen, Skills, Charakter und Meta-Lernen

Nach der herkömmlichen Herangehensweise geht es im Curriculum ganz überwiegend um Wissen im Sinne von zu erwerbenden Kenntnissen. Es mehren sich jedoch die Forschungsergebnisse aus verschiedensten Disziplinen, die ein breiteres Bild zeichnen: Lernende müssen Wissen im Sinne von Kenntnissen und Verstehen mit Fähigkeiten zur Anwendung des Wissens auf die reale Welt verbinden. Sie brauchen Charaktereigenschaften wie Motivation, Resilienz sowie auch soziale und emotionale Intelligenz. Und Strategien im Bereich Meta-Lernen helfen dabei, zu reflektierten, selbstgesteuerten und versierten Lernenden zu werden.

---

[30] J. Burton, R. Horowitz, and H. Abeles: "Learning In and Through the Arts: Curriculum Implications," in Champions of Change: The Impact of the Arts on Learning, The Arts Education Partnership, 1999, 35–46, http://files.eric.ed.gov/fulltext/ED435581.pdf

6. Ergebnisse und Prozess

Wenn es in der Bildung um den Leistungsbegriff geht, verengen sich Diskussionen zu oft auf die Ergebnisse, den Output des Lernens, statt auch den Prozess, den Weg dorthin, mit einzubeziehen. Doch aus Sicht der Lernenden ist es der Prozess, der oft genug schwierig ist und nicht immer geradlinig verläuft. Werden Lernende nur nach den gezeigten Ergebnissen beurteilt, kann das dazu führen, dass ihre intrinsische Motivation (und damit ihr Wille, sich zu entwickeln und einen bestimmten Kenntnisstand zu erreichen) untergraben wird. Es gibt einen Gegentrend, bei dem man nur auf den Prozess schaut und die Ergebnisse ignoriert, häufig, indem man Noten oder Erwartungen ganz abschafft. Das kann dann dazu führen, dass die Lernenden externe Anforderungen in der Gesellschaft, beispielsweise Zulassungen zum Studium, nicht erfüllen können. Es ist wichtig, dass Ergebnisse und Prozess als zwei wichtige Teile des Lernens gesehen werden und beide Teile Anerkennung finden.

7. Individuelle und gesellschaftliche Ziele und Bedürfnisse

Es ist verlockend, die Frage aufzuwerfen: Soll ich das machen, was am besten für mich ist, oder das, was am besten für die Gemeinschaft und die Gesellschaft ist? Wie schon gezeigt: Man muss sich nicht zwischen dem einen oder anderen entscheiden. Die Ziele des Individuums und die Ziele der Gesellschaft funktionieren oft im Einklang miteinander und befördern sich sogar gegenseitig. Im besten Fall finden (oder erfinden) Menschen eine Arbeit, die ihren Talenten und Interessen entspricht und gleichzeitig die Welt ein Stück weit besser macht.

8. Globale und lokale Perspektiven

Das System, das wir vorschlagen, soll einen verbindenden Rahmen aus globaler Perspektive darstellen. Es lässt aber Raum, der von den Akteuren vor Ort nach ihren eigenen lokalen Prioritäten mit Leben gefüllt werden soll. Wir wollen, dass alle von den Erkenntnissen über gemeinsame Ziele profitieren, ohne dass diese Ziele und lokale Werte und Auffassungen sich gegenseitig im Wege stehen. Im Idealfall ergänzen sich die globale und lokale Ebene zu einem gemeinsamen Ergebnis, das besser ist, als wenn nur globale Perspektiven (top-down) oder nur lokale Perspektiven (bottom-up) berücksichtigt wurden.

9. Fest verankert und flexibel

Damit unser Framework funktioniert, muss man es grundlegend verstehen und auf diesem Fundament verankert die Bildungsstandards neu gestalten. Das darf allerdings nicht dazu führen, dass die neuen Standards selbst starr und unveränderbar werden. Ein Teil unseres Fundaments besteht in dem Verständnis, dass wir uns kontinuierlich verändern müssen, wenn unsere Welt und unsere Erkenntnisse sich wandeln.

10. Sozialen Fortschritt vorantreiben und lokale Normen respektieren

Wir verstehen sozialen Fortschritt als ein Konzept, das Gültigkeit für die ganze Welt beanspruchen kann. Zugang zu Nahrungsmitteln und Wasser, Frieden, nachhaltige Lebensweise – das sind Ziele, die zweifellos universell anwendbar sind. Gleichzeitig müssen wir achtsam sein und Bevormundungen vermeiden. Ein Beispiel: Persönliches Durchsetzungsvermögen oder individuelle Leistungsorientierung werden nicht überall als erstrebenswerte Ziele betrachtet. Soziale Ideale müssen Kontext und Kultur berücksichtigen. Auch wenn wir an global relevante Ideale für sozialen Fortschritt glauben, so sind wir gleichzeitig überzeugt, dass wir lokale Normen respektieren müssen. Beide Ziele stehen nicht im Widerspruch zueinander.

Wie kann Bildung all diese Ziele erreichen, alle (vermeintlichen) Widersprüche ins Gleichgewicht bringen, einen integrierten und ganzheitlichen Bildungsansatz verfolgen und die Lernenden auf die Anforderungen des 21. Jahrhunderts vorbereiten? Für den Anfang braucht es ein integriertes, verbindendes Framework von Lernzielen und Kompetenzen.

Ein verbindendes Framework für Bildungsziele

Für den, der keine Vorstellungen von seinem Ziel hat, macht es wenig Unterschied, wie schnell er reist.
– Italienisches Sprichwort

Wozu ein neues Framework für die Bildung?

In der Welt der Bildungssysteme und ihrer Reformen herrscht bisweilen große Verwirrung bei der gemeinsamen Verwendung von Begriffen und Konstrukten. Drei Beispiele:
In der kanadischen Provinz Québec werden Kompetenzen[31] unterteilt in Schlüssel- / fächerübergreifende Kompetenzen, fachliche Kompetenzen und Kompetenzen für das lebenslange Lernen. In Guatemala unterscheidet man in Rahmenkompetenzen, Bereichskompetenzen, Fachkompetenzen und Stufenkompetenzen. Die indonesischen Kompetenzstandards werden in zwei Kategorien ausdifferenziert: Querschnitts- und fachgebundene Kompetenzen, wobei letztere wiederum in Standardkompetenzen (eher allgemeinerer Natur) und Basiskompetenzen (als Veranschaulichung oder Vertiefung der fachgebundenen Standardkompetenzen) unterschieden werden.

Die UNESCO [32] schreibt: „Gute Bildungssysteme ermöglichen ihren Lernenden, kontinuierlich ihre Kompetenzen anzupassen und währenddessen ebenso kontinuierlich weitere Kompetenzen zu erwerben

---

[31] Zur Verwendung des Begriffs *Kompetenzen* vgl. die Fußnote zu Tabelle A1.1
[32] UNESCO, www.unesco.org/new/en/education/themes/strengthening-education-systems/quality-framework/desired-outcomes/competencies

oder gar neu zu entwickeln. Diese Kompetenzen unterscheiden sich hinsichtlich ihres Geltungsbereichs, beginnend bei Kernkompetenzen, fachlichem Wissen und kognitiven Fähigkeiten über Soft Skills bis hin zu Qualifikationen für den Arbeitsmarkt. Sie versetzen uns in die Lage, komplexe Anforderungen zu erfüllen und komplexe Aktivitäten und Aufgaben in spezifischen Zusammenhängen erfolgreich zu bewältigen. Die Typologien und Ansätze sind so vielfältig wie die Organisationen (Länder, Institutionen, Menschen), die sie definieren."

Ein Konsens zu den verschiedenen Arten von Kompetenzen zeichnet sich zwar ab, aber es gibt eine große Bandbreite von Begriffen und Schemata für die Kernkompetenzen, vgl. Tabelle 2.1.

Großbritannien / Irland	Norwegen	Schottland
Skills:	Streben nach fünf Basis-Skills:	Streben nach vier Haupt-Fähigkeiten:
Kommunikation	sich ausdrücken können	erfolgreiche Lernende
Persönliche und zwischen-menschliche Skills	sich schriftlich ausdrücken können	zuversichtliche Menschen
Informationsmanagement	digitale Werkzeuge nutzen können	verantwortliche Bürger
	lesen können	effektive Beitragende
	rechnerische Fähigkeiten ent-wickeln	Gesundheit und Wohlbe-finden
		Fertigkeiten für Lernen, Leben und Arbeiten
		Lesen und Schreiben (literacy) Rechnen (numeracy)

Australien	Neuseeland	Indonesien
Neun Fähigkeiten:	Fünf Kernkompetenzen:	Nationale Prüfungen zielen auf:
Lesen und Schreiben (literacy)	Sprache, Symbole und Text nutzen	Intelligenz
Denkvermögen	sich selbst steuern	Wissen
Kreativität	in Beziehung mit anderen treten	Persönlichkeit
Selbststeuerung		Charakter
Teamwork	teilhaben und beitragen	Fähigkeit, selbständig zu leben
interkulturelles Verständnis	Denken	
ethisches Verhalten und Sozialkompetenz		Fähigkeiten, weiter zu lernen
Rechnen (numeracy)		
Informations- und Kommunikationstechnologien		

Singapur	Namibia	Südafrika
Hauptfähigkeiten und Werte:	Lernen lernen	Probleme erkennen und lösen
Kommunikationsfähigkeiten	persönliche Fähigkeiten	effektiv mit anderen zusammenarbeiten
Persönlichkeitsentwicklung	soziale Fähigkeiten	
Selbststeuerung	kognitive Fähigkeiten	Informationen sammeln, analysieren, organisieren und kritisch bewerten
soziale und kooperativen Fähigkeiten	kommunikative Fähigkeiten	
Denkvermögen und Kreativität	Rechenfähigkeiten	effektiv kommunizieren
Lese- und Rechenfähigkeit	Fähigkeiten in Bezug auf Informations- und Kommunikationstechnologien	Wissenschaft und Technik effektiv nutzen
Fähigkeiten in Bezug auf Information		Verständnis der Welt als eine Gruppe von miteinander verbundenen Systemen demonstrieren

Fähigkeiten zur Anwendung von Wissen		umfassende Persönlichkeitsentwicklung (Lernstrategien reflektieren und einsetzen, Verantwortung als Bürger, kulturelle und ästhetische Sensibilität, Ausbildung für den Beruf und unternehmerische Möglichkeiten)

Tabelle 2.1: Kernkompetenzen im internationalen Vergleich gemäß UNESCO: www.unesco.org/new/en/education/themes/strengthening-education-systems/quality-framework/technical-notes/examples-of-countries-definitions-of-competencies/

Auch die Forschung in den Kognitions- und Bildungswissenschaften ist breit gefächert, wobei verschiedene Denkrichtungen unterschiedliche Fachbegriffe nutzen. Will man die Forschung auf die Bildungspraxis anwenden, muss man sich ein Stück weit zwischen präziser Sprache und einfacher, klarer Sprache entscheiden. Präzision ist das oberste Gebot, wenn Expertinnen und Experten ihre Forschungsergebnisse beschreiben. Es geht darum, dass die Grundannahmen jedes Konzeptes getestet und weiter ausgearbeitet werden. Auf diese Weise werden immer detailliertere Modelle entwickelt, die ein immer genaueres Verständnis von Bildungskonzepten beschreiben, beispielsweise von kritischem Denken, Kreativität, Achtsamkeit etc. Solche extrem detaillierten Modelle sind wichtig für nuancierte Forschungsfragen. Sie sind aber häufig nicht die einfachste Grundlage, um Erkenntnisse für praktische Alltagsfragen in Sachen Lehren und Lernen zu übertragen.

Der Zweck des hier vorgestellten Frameworks für Bildungsziele liegt darin, den Forschungsstand und Best Practice zusammenzufügen. Die Darstellung soll so akkurat, klar und hilfreich wie möglich sein. Dafür konzentrieren wir uns auf die Erkenntnisse, ohne uns in Details zu verlieren.[33] Wir verfolgen das Ziel, aus allen vorliegenden Erfahrungen zu

---

[33] Die Überlegungen hinter den von CCR genutzten Begriffen können im Anhang des Buches nachgelesen werden.

lernen und den Prozess zu vereinfachen, mit dem Bildungsziele für das 21. Jahrhundert verstanden und umgesetzt werden können. Diese Grundlage wollen wir Pädagoginnen und Pädagogen mit auf den Weg geben, die damit die unentbehrliche und langfristige Aufgabe angehen, Bildungssysteme neu zu gestalten und zu transformieren. Forscher können auf dieser Grundlage relevantere und genauere Fragen bearbeiten, so dass wir alle im Bildungsbereich unsere Entscheidungen so gut und aktuell informiert wie nur möglich treffen können.

Es kann in zweifacher Hinsicht hilfreich sein, die Entwicklung des Frameworks mit der Entwicklung der Ernährungspyramide zu vergleichen.

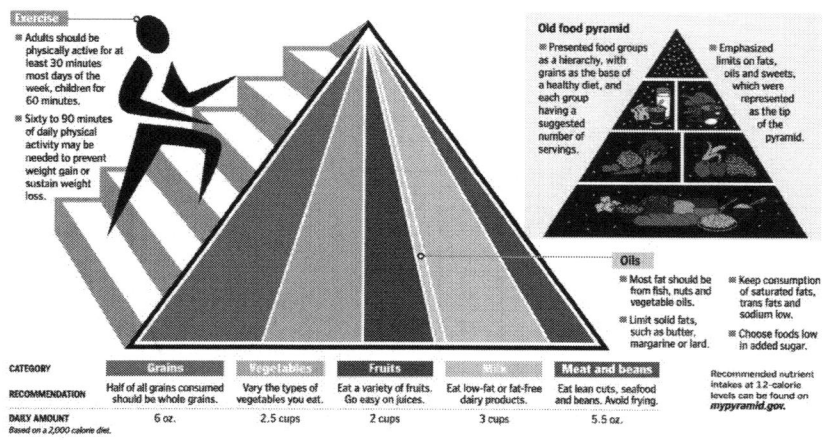

Abbildung 2.6: Die Ernährungspyramide, Quelle: The Washington Post Company

Wir wollen die Grundzüge für eine gesunde geistige Nahrung für alle Lernenden skizzieren. Die tägliche Ration Bildung muss natürlich auf jeden Lernenden angepasst werden, auf das Alter, die Interessen, die Kultur, die Werte etc. Wir schreiben keine spezifischen Aktivitäten vor – so wie die Ernährungspyramide ja auch keine genauen Mahlzeiten oder Rezepte vorgibt. Sie empfiehlt nur bestimmte Anteile aus jeder Nahrungsgruppe, also z.B. Gemüse, Getreideprodukte oder Obst. Für den Bildungsbereich übersetzt heißt das: Wir empfehlen bestimmte Anteile an Bildung aus jeder Kategorie des Frameworks. Es gibt eine zweite Parallele: Wie die Ernährungspyramide soll auch unser Framework mit der Zeit immer wieder angepasst werden, wenn wir neue Erkenntnisse über das Lernen und die Lerngegenstände gewonnen haben.

Unsere Theorie des Wandels

Die Qualität des Lernens, das in einer konkreten Schule oder in einem konkreten Klassenzimmer stattfindet, ist von vielen verschiedenen Faktoren abhängig: sozio-ökonomischer Status, Schulklima, Professionalisierung, Eigenschaften der Lehrperson, Druck durch zentrale Prüfungen und viele andere mehr. Für jeden einzelnen der genannten Aspekte gibt es verschiedene Reformanstrengungen, über die das Lehren und die Lernergebnisse verbessert werden sollen. Dabei werden ganz unterschiedliche Ansätze verfolgt und ganz unterschiedliche Effekte erreicht. Wir wollen hier den Blick auf eine andere Frage richten: Wenn wir in Betracht ziehen, was wir über das Lernen und über die Anforderungen an ein erfolgreiches Leben für Individuen und die Gesellschaft wissen – WAS sollten Schülerinnen und Schüler dann lernen?

Viele Lehrende orientieren sich bereits an den Zielen, die wir vorgestellt haben. Viele (noch) nicht. Wir hoffen, unser Framework kann als Grundlage dienen, um ausführliche Debatten über unsere Bildungsziele und unsere Erfolge bei der Umsetzung dieser Ziele zu führen. Es sind Assessments, also Prüfungen, Lernkontrollen und -bewertungen, die Veränderungen im Bildungsbereich vorantreiben. Wir sind überzeugt, dass es darauf ankommt, dass diese *Assessments* auf die richtigen Ziele ausgerichtet sein müssen. Nur so können Pädagoginnen und Pädagogen in einer Umgebung arbeiten, die *Deep Learning* entlang des Frameworks unterstützt und belohnt. (Mehr dazu am Ende des Buches im Abschnitt „Über CCR – das CCR Assessment Research Consortium“.)[34]

Pädagoginnen und Pädagogen, denen wir unser Framework vorgelegt haben, fragen manchmal: „Warum gibt es keinen Fokus auf Lernende, die besondere Herausforderungen haben – zum Beispiel niedriger sozio-ökonomischer Status, Lernschwierigkeiten etc.?“

Wir denken, dass diese Punkte sehr wichtig sind und dass es viele verschiedene Wege gibt, die Praxis für jeden Lernenden auf seine individuellen Bedürfnisse hin anzupassen, unabhängig davon, wo der Einzelne in einem breit gefächerten Spektrum steht. CCR will Veränderung auf der systemischen Ebene erreichen, für *alle* Lernenden. Dafür arbeitet CCR mit einflussreichen Akteuren (wie der OECD) zusammen. Wir wollen ein Framework schaffen, das für alle verlässlich, umfassend und anpassbar ist.

Mit einem neuen Framework für Bildungsziele können wir die Diskussion über Bildungsstandards beeinflussen, insbesondere hinsichtlich der Frage, wie diese Standards den Weg zu einer Neugestaltung von Assessments ebnen können, so dass sie ganzheitlicher und relevanter sind. Wenn sich in den Assessments widerspiegelt, was für das Lernen bedeutsam ist, wird es notwendig sein, auch den Lehrplan, also die Inhalte entsprechend neu zu gestalten. Und begleitend braucht es Organisations- und Personalentwicklung, damit die Lehrkräfte vor Ort mit den Lernenden am neuen Curriculum arbeiten können (vgl. Abbildung 2.7).

---

[34] Anm. d. Übersetzers: Zur (Nicht-)Übersetzung) von *Assessments* und *Deep Learning* vgl. Tabelle A1.1 Die Taxonomie von CCR.

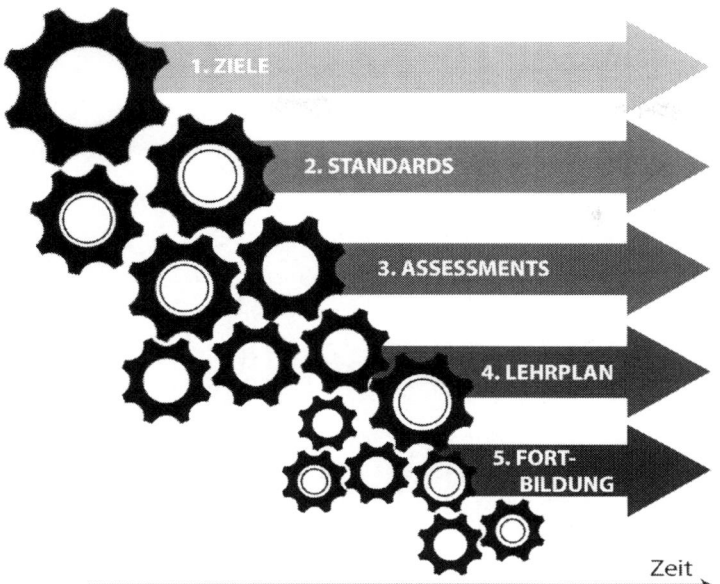

Abbildung 2.7: Reihenfolge der Schwerpunkte im Change Management, Quelle: CCR

Selbstverständlich gibt es in diesem Modell Feedbackschleifen zwischen allen Ebenen. Bildung ist ein riesiges, kompliziertes System. Deswegen müssen wir einen Schritt zurücktreten und das Gesamtbild betrachten, um diese historische Herausforderung für das Bildungssystem zielgerichtet anzugehen.

Fortschritte werden sich bei diesem Unterfangen nicht über Nacht einstellen. Wenn man ein Haus renoviert, ist es wichtig, dass man in einem Teil des Hauses den Umbau entschlossen vorantreibt und währenddessen weiterhin in den anderen Teilen wohnen kann. Wenn man so ein riesiges Haus wie das Bildungssystem umbauen will, kann man nicht alles auf einmal angehen. Sowohl das WAS (Standards und Assessments) als auch das WIE (Lehrplan und Organisations- und Personalentwicklung) müssen sich mit der Zeit ändern.

CCR richtet den Blick zum jetzigen Zeitpunkt auf die ersten beiden zu renovierenden Räume: Standards und Assessments. Wir konzentrieren uns darauf, weil Veränderungen auf diesen beiden Ebenen sich letzten Endes auf alle Ebenen durchschlagen werden. Man könnte sagen: „Am Ende zählt, was gezählt wird."

Es bleibt dann jedem einzelnen Land bzw. jeder Entscheidungsebene überlassen, wie es die Ebenen des Curriculums und der Organisations- und Personalentwicklung so angeht, dass sie zu den neuen Bildungszielen, Standards und Assessments passen. So kann am besten entschieden werden, wie diese Ebenen passend zu den spezifischen Formen, Bedürfnissen und Werten des jeweiligen Bildungssystems ausgeformt werden müssen.[35]

In vielen Ländern gibt es ergänzend zu den vier Ebenen (Standards, Assessments, Curriculum, Organisations- und Personalentwicklung) noch eine fünfte Einflussgröße, die wir bisher ausgeklammert haben: Auswahlverfahren im Hochschulbereich.[36] Diese Eingangsprüfungen, die eigentlich Studierfähigkeit prüfen sollen, sind oft von der traditionellen Orientierung auf Wissen geprägt und berücksichtigen selten Skills, Charakter und Meta-Lernen. Das färbt auf die Anforderungen im Schulsystem ab, wenn zum Beispiel Algebra im Unterricht großes Gewicht bekommt, ohne dass man die tatsächliche (Ir-)Relevanz bedenkt oder erkennt, dass vor allem Fleiß und Ausdauer belohnt werden.[37] Diese Erkenntnisse setzen sich langsam durch, so dass erste Länder wie British

---

[35] CCR empfiehlt nicht eine bestimmte Perspektive, sondern ermutigt dazu, ein umfassendes Verständnis zu entwickeln. Dieses Verständnis sollte sowohl die eigene Perspektive genau erfassen als auch das große Ganze, das die Perspektiven Dritter berücksichtigt.

[36] Anm. d. Übersetzers: Diese Kritik könnte auch auf die Abiturprüfung in Deutschland gerichtet werden, da diese eng auf das Gelehrte und die Abschlussnoten fokussiert ist.

[37] D. Silver, M. Saunders, and E. Zarate: What Factors Predict High School Graduation in the Los Angeles Unified School District (Santa Barbara, CA: California Dropout Research Project, UCLA, 2008); also see C. Adelman, The Toolbox Revisited: Paths to Degree Completion from High School Through College (Washington, DC: U.S. Department of Education, 2006).

Columbia[38] die nachfolgenden Bildungseinrichtungen auffordern, ihre Zulassungsanforderungen zu überdenken. Es braucht aber noch weitere Forschung, Analyse, Fokus und innovative Ansätze, um zu verstehen, wie man die Anforderungen der Bildungseinrichtungen an die Auswahl ihrer Lernenden mit einem ganzheitlichen Blick auf das Individuum verbinden kann, ohne – und das ist hier besonders wichtig – dass der Fortschritt in Sachen Umbau von Bildungsstandards und Assessments behindert wird.

Das Vorgehen des CCR

Als unabhängige, unparteiische, internationale Organisation nutzt das Center for Curriculum Redesign (CCR) einen evidenz- und forschungsbasierten Prozess, um seine Frameworks zu entwickeln und zu verfeinern. Dieser Prozess umfasst drei unterschiedliche kollaborative Schritte: Synthese, Analyse, Neuordnung.

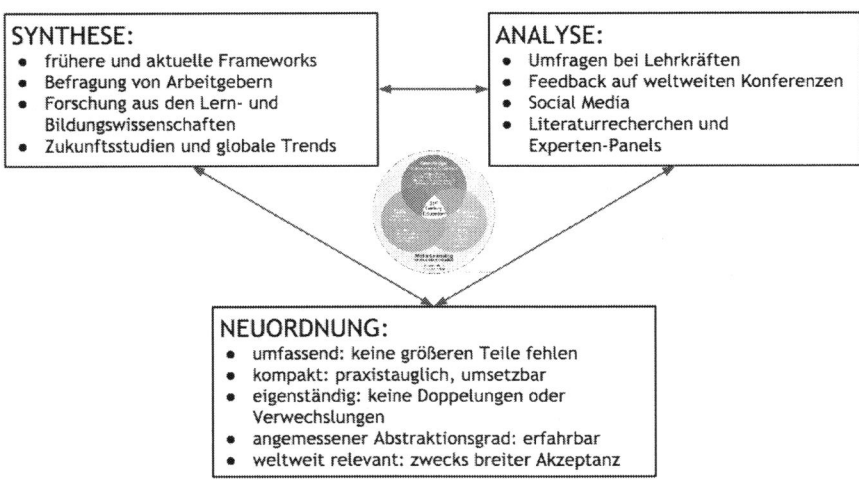

Abbildung 2.8: Das Vorgehen des CCR, Quelle: CCR

---

[38] Global Education Leader's Partnership, http://gelponline.org/gelp-community/jurisdictions/british-columbia

Synthese

Es liegen bereits viele Arbeiten vor, die aussichtsreiche Ansätze in Sachen Bildungsreform beschreiben. CCR will das Rad nicht neu erfinden, deshalb arbeitet es mit Meta-Synthesen von älteren und aktuellen Frameworks. Diese können von staatlicher Seite stammen (z.B. von Bildungsministerien), von Berufsverbänden (z.B. vom National Council of Teachers of Mathematics) oder anderen Organisationen (z.B. P21.org). Es bezieht auch Analysen des Arbeitsmarktes mit ein (z.B. eine IBM-Befragung von 15.000 Managern aus 60 Ländern und 33 Branchen). CCR stellt sicher, dass seine Konzepte auf dem aktuellen Stand bleiben, indem es kontinuierlich Forschungsergebnisse aus den Lernwissenschaften sichtet und einbezieht sowie mit Zukunftsstudien und globalen Trends abgleicht.

Analyse

Das CCR ist überzeugt davon, dass schon in der Erarbeitung des Frameworks eine Zusammenarbeit mit denjenigen Parteien notwendig ist, die durch das Framework in ihren Zielen unterstützt werden sollen. Zu diesem Zweck haben wir Feedback von mehr als 600 Lehrkräften aus aller Welt gesammelt und internationale Konferenzen und Kolloquien zu Themen aus den Frameworks veranstaltet (wie z.B. Mathematik, Persönlichkeit, Metakognition, Beschäftigungsfähigkeit). Das CCR wird auch damit beginnen, über Social Media Informationen darüber zu sammeln, welche Erwartungen Schülerinnen und Schüler und Eltern an Bildung haben. Und schließlich führt das CCR spezifische Literaturrecherchen durch und greift auf Expertinnen und Experten in einem globalen Netzwerk von Vordenkern und Partnerorganisationen (z.B. die OECD) zurück.

Neuordnung

Da das CCR sich so vieler Quellen bedient, ist es von entscheidender Bedeutung, dass das Endergebnis *akkurat* und *umsetzbar* ist. Dafür hat sich das CCR Framework den folgenden fünf Designzielen verschrieben:

1. Umfassend

Diese Eigenschaft ist selbsterklärend. Es reicht nicht aus, ein Framework für eine Teilmenge von angestrebten Bildungszielen zu erschaffen (beispielsweise nur für Skills). Das Bildungswesen leidet schon an einem Überangebot von Programmen, die jeweils einen einzelnen Aspekt von Bildung in Ordnung bringen wollen. Kein einzelner Ansatz ist die Allzweckwaffe. Wir müssen sorgfältig und ganzheitlich über Bildung als System nachdenken. Darüber hinaus werden Diskussionen durch den Fokus auf einen Aspekt nach dem anderen zugespitzt. Sie polarisieren und zwingen zu einer Wahl zwischen verschiedenen Aspekten des aktuellen Bildungssystems. Im Framework darf kein wichtiges Element fehlen. Dritte, die über ähnliche Konzepte mit anderen Begriffen nachgedacht haben, müssen ihre Überlegungen in unserem Framework wiederfinden und verorten können. Ein Beispiel: Die Charaktereigenschaft Resilienz umfasst Konzepte wie Durchhaltevermögen, Beharrlichkeit etc. Durch die Zielsetzung eines umfassenden Frameworks erreichen wir hoffentlich, alle groß angelegten Überlegungen zur Gestaltung des Bildungswesens so zu organisieren, dass jeder prüfen kann, wie die verschiedenen Elemente miteinander zusammenhängen und zusammenpassen.

2. Kompakt

Wie oben schon erwähnt, ist es keine leichte Aufgabe, Forschung so zu synthetisieren, dass die Schlussfolgerungen praxistauglich und dennoch akkurat sind. Wenn ein Framework versuchen sollte, alle Nuancen der wissenschaftlichen Literatur zu berücksichtigen, wird das Endergebnis zu kompliziert für eine Umsetzung sein. Die „Millersche Zahl" (benannt nach dem Psychologen George A. Miller) besagt, dass Menschen nicht mit mehr als sieben (plus oder minus zwei) Gegenständen im Kurzzeitgedächtnis arbeiten können. Ein Mensch kann aber die Gegenstände zu Chunks gruppieren, sich also mehr Gegenstände im Rahmen einer hierarchischen Struktur merken. Vor diesem Hintergrund hat unser Framework *vier* Kategorien, die jeweils weniger als sieben Komponenten umfassen. So ist sichergestellt, dass das Framework prägnant genug ist, so dass man es sich merken kann, und gleichzeitig Praxistauglichkeit besitzt.

3. Eigenständig

In der Praxis verhalten sich viele Bildungsziele wie Kreativität, Optimismus, Mut etc. in Abhängigkeit zueinander. Ein Beispiel: Bei einem Menschen, der optimistisch ist, ist es wahrscheinlicher, dass er begeisterungsfähig ist, als bei einem Menschen, der nicht optimistisch ist. In der Forschung versucht man in der Regel, einzelne Aspekte zu isolieren, um ihre Bedeutung genauer zu verstehen. Für unser Framework fügen wir die verschiedenen Konstrukte so zusammen, dass die Inhalte mit dem größten Zusammenhang gruppiert und die Inhalte mit dem kleinsten Zusammenhang (bzw. ohne / mit gegenläufigem Zusammenhang) getrennt werden. Die Leitfragen für diesen Prozess lauten: Ist es möglich, eines ohne das andere zu haben? Wie oft passiert das? Hat die Forschung einen Zusammenhang gezeigt? Auf diese Weise kann jedes Konzept seinen eigenen Stellenwert beanspruchen, und Konzepte verlieren ihre Bedeutung nicht im Schatten eines anderen Konzeptes, wodurch sie nicht unabhängig voneinander betrachtet werden könnten. So vermeiden wir Verwirrungen, die dadurch entstehen können, dass unterschiedliche Konstrukte unterschiedliche Ursprünge, aber überlappende Definitionen haben. Ein Beispiel: Indem wir *Meta-Lernen* eine eigene Dimension widmen, wird *Entscheidungsfähigkeit* aus dem Bereich *kritisches Denken* herausgelöst. Diese Aufteilung geht davon aus, dass wir für *Entscheidungsfähigkeit* sowohl auf

Wissen, auf Skills (inklusive *kritischem Denken*) und auf Charaktereigenschaften zurückgreifen. Es wäre illusorisch, linguistische oder ontologische Perfektion anzustreben, denn alle Konzepte interagieren in unterschiedlichem Umfang miteinander. Unser übergeordnetes Ziel ist es, die Konzepte so in Gruppen anzuordnen, dass sich die tägliche Anwendung in der Praxis darin widerspiegelt. So können sie für Pädagoginnen und Pädagogen als Checkliste für ihre Bildungspraxis dienen.

4. Angemessen

Naturgemäß machen sich Menschen auf unterschiedliche Arten und Weisen ihre Vorstellungen von der Welt und naturgemäß tun sie das auf unterschiedlichen Ebenen. Zu lernen, sich die Schuhe zu binden, und zu lernen, wie man lernt – beides lässt sich als *Fähigkeiten* bezeichnen. Der Abstraktionsgrad dieser beiden Beispiele unterscheidet sich jedoch erheblich. Selbstverständlich sollen Schülerinnen und Schüler gute Menschen werden bzw. sein, und genauso selbstverständlich sollten sie die Addition beherrschen. In unserem Framework sortieren wir Ziele und Konzepte sinnvoll nach ihrem Abstraktionsgrad und ihrem Ursprung. Ethik und Addition finden sich daher in unserem Framework in verschiedenen Dimensionen und auf verschiedenen Ebenen wieder. Basale Fähigkeiten wie z.B. Rechnen sind Subkategorien zugeordnet (entsprechend den dazugehörigen wissenschaftlichen Konzepten von Wissen), während Ethik eine Kategorie auf höherer Ebene ist, als Teil der Dimension Charakter. Auf diese Weise dient das Framework als Grundlage für geordnete Diskussionen, die Respekt vor der Komplexität der vielen miteinander verbundenen Variablen haben, die für jede einzelne Komponente relevant sind.

5. Weltweit relevant

Je stärker die Welt vernetzt wird, desto wichtiger wird es, sich kultureller

Unterschiede und der Vielfalt von menschlichen Zielen und Beziehungen bewusst zu sein. Das CCR Framework soll breit und tief genug sein, um nicht an eine bestimmte Kultur gebunden zu sein. Vielmehr kann es eine gemeinsame Grundlage für wirksame interkulturelle Kommunikation sein. Die vorgestellten Überlegungen betreffen alle auf der Welt, die an der gemeinsamen Gestaltung der Zukunft mitarbeiten wollen. Das heißt: Alle Länder können das Framework nutzen und es an ihre eigenen Werte und Anforderungen anpassen.

Das CCR Framework synthetisiert die bisherige Forschung mit den übergeordneten und sich gegenseitig ergänzenden Zielen von sowohl Trennschärfe als auch Klarheit. Damit werden alle Erkenntnisse aus der wissenschaftlichen Forschung und aus vorbildlicher Praxis genutzt, ohne von endlosen und haarspalterischen akademischen Debatten ausgebremst zu werden. Wir erschaffen ein Framework, dass die Grundlagenarbeiten integriert, die zu den verschiedenen Themen geleistet wurden, und das in übersichtlicher und klarer Form. Die gestalterischen Ziele für unsere Bildung werden so geschärft und bilden eine gemeinsame Grundlage für eine sinnvolle Arbeit zur Neugestaltung der Bildung. Für die Kognitionswissenschaften werden dadurch die Fragen deutlicher werden, die zusätzlich empirische Forschung brauchen, damit Pädagoginnen und Pädagogen ihre Entscheidungen auf einer möglichst guten Informationsgrundlage treffen können.

Ist das CCR-Framework nun radikal oder schrittweise inkrementell? Wir bevorzugen den Ausdruck „schrittweise ambitioniert". Wenn es zu radikal wäre, hätte es angesichts der begrenzten Veränderungsfähigkeit des Bildungssystems keine Chance auf Übernahme. Aber wenn es zu inkrementell wäre, würde es nicht das Ziel erreichen, an den Anforderungen dieses Jahrhunderts ausgerichtet zu sein. Wir verwenden die Analogie von Raupe und Schmetterling: Beide haben die gleiche DNA, aber der Schmetterling hat eindeutig von einer substantiellen Transformation profitiert. Die Raupe ist im Schmetterling kaum noch wiederzuerkennen, aber der Schmetterling baut auf den Grundzügen der Raupe auf.

Abbildung 2.9: Metamorphosis of a Butterfly, Quelle: https://commons.wikimedia.org/wiki/File:Metamorphosis_of_a_Butterfly_Merrian_1705.jp Merian Maria Sybilla, unter Public Domain

Mehr als nur Wissen – ein Framework von Kompetenzen für das 21. Jahrhundert

Ein Curriculum besteht traditionell hauptsächlich aus Wissensinhalten, die Schülerinnen und Schüler lernen müssen. Angesichts des wissenschaftlichen und technischen Fortschritts kommen heutzutage immer mehr Wissensbausteine in immer schnellerem Tempo hinzu und türmen sich auf dem ohnehin schon überfüllten Lernmenü der Schülerinnen und Schüler. E.O. Wilson stellte 1998 fest:

„Wir ertrinken in Wissen und dürsten dabei nach Einsicht. Die Welt der Zukunft wird von Synthetisieren beherrscht werden, von Menschen, die in der Lage sind, sich die richtigen Informationen zur richtigen Zeit und mit den richtigen Mitteln zu beschaffen, sie kritisch zu überdenken und dann einsichtige Entscheidungen zu treffen."[39]

Wissen ist und bleibt absolut unverzichtbar. Aber wir müssen neu überlegen, was in jedem Fach wirklich wichtig ist, und das Curriculum dann so überarbeiten, dass es Prioritäten sowohl in traditionellen als auch in modernen Bereichen setzt. Darüber hinaus gibt es einen wachsenden Konsens unter Arbeitgebern, die junge Absolventen anstellen, und den Führungskräften weltweit: Das gegenwärtige, wissenszentrierte Curriculum bereitet Schülerinnen und Schüler nicht angemessen auf den Arbeitsmarkt und das Leben von heute (und noch weniger von morgen) vor, wenn Lernende nicht mehr Übung in der Anwendung ihres Wissens auf Basis der notwendigen Fähigkeiten bekommen.

Wenn es um Charaktereigenschaften geht, so erkennen inzwischen auch politische Entscheidungsträger ihren Stellenwert als Teil von formaler Bildung – auch wenn Pädagoginnen und Pädagogen und Arbeitgeber das schon seit Langem wissen. Anstelle der traditionellen Maßstäbe für Fortschritt (Wirtschaftswachstum, materielle Produktivität etc.) verfolgen Staaten heute auch andere Indikatoren, um ihren sozialen Fortschritt und ihre Antworten auf lokale und globale Herausforderungen (Armut, Gewalt, Korruption, Nachhaltigkeit etc.) zu messen. Das hebt die Notwendigkeit hervor, dass Lernende positive Charaktereigenschaften entwickeln und festigen müssen, als Ergänzung zu elementarem Wissen und Fähigkeiten.

Damit wir das Lernen in diesen drei Dimensionen – Wissen, Skills, Charaktereigenschaften – vertiefen und verbessern können, müssen wir noch eine vierte wichtige Dimension ergänzen, ohne die Bildung für das 21. Jahrhundert nicht vollständig wäre: Meta-Lernen (auch Lernen zu lernen genannt), also die internen Prozesse, über die wir unser Lernen

---

[39] Edward O. Wilson: Die Einheit des Wissens, S. 358f. Berlin: Siedler 1998.

reflektieren und anpassen. Es reicht nicht aus, wenn wir diese vierte Dimension nur implizit als Teil der anderen Dimensionen betrachten. Stattdessen müssen wir ihre Bedeutung explizit hervorheben, so dass wir ständig daran erinnert werden, Strategien für das Meta-Lernen in unsere Lernerfahrungen in den Bereichen Wissen, Skills, Charaktereigenschaften zu integrieren. Auf diese Weise lernen wir, ständig nach Verbesserung zu streben, unabhängig von den selbst gesetzten Zielen.

In Zusammenarbeit mit dem OECD-Projekt Education 2030[40] haben wir 32 Frameworks[41] aus der ganzen Welt tabellarisch aufbereitet, analysiert und die Ergebnisse synthetisiert. Dabei haben wir herausgefunden, dass es eine grundsätzliche Übereinstimmung auf diese vier Dimensionen für die Ziele von Bildung für das 21. Jahrhundert gibt. Tabelle 2.2. zeigt die Gemeinsamkeiten der wichtigsten Frameworks im Vergleich mit dem Framework von CCR.

---

[40] Die OECD hat ein neue Initiative namens „Education 2030: the OECD Key Competencies Framework" gestartet. Die OECD beabsichtigt, das Kompetenzen-Framework weiterzuentwickeln, indem weltweit curriculare Frameworks vergleichend analysiert werden. Dieses globale Framework-Projekt ist als Unterstützung für Länder gedacht, die grundsätzliche Reformen im Curriculum anstreben und priorisieren wollen, welche Kompetenzen für Lernende zukünftig notwendig und entscheidend sein werden.

[41] OECD Skills for Innovation, OECD DeSeCo, OECD Social & Emotional Skills, OECD PISA, OECD PIAAC, EU Reference Framework Key Competencies, UNESCO Global Citizenship Education, P21, ATC21S, Asia Society/CCSSO, Hewlett Foundation Deeper Learning Competencies, ACT WorkKeys (WK)–NCRC Plus–CWRC Skills Assessments, CPS Employability Assessment (EA), AAC&U Essential Learning Outcomes (LEAP), CCSSO–Innovation Lab Network (ILN) State Framework, National Work Readiness Credential, CAE College & Work Ready (CWRA) & Collegiate Learning Assessment (CLA), EnGauge, Character Counts! Coalition, CharacterEd.Net, Character Education Partnership, Facing History and Ourselves, KIPP Schools, Center for the Advancement of Ethics and Character, Collaborative for Academic, Social, and Emotional Learning, The Jubilee Center for Character and Virtues, Young Foundation, China Ministry of Education, Singapore Character and Moral Education (CME), South Korea Moral Education, Swedish National Agency for Education, Thailand Philosophy of Sufficiency Economy

CCR Framework	OECD Skills	OECD DeSeCo	EU Reference Framework	Hewlett Foundation Deeper Learning	P21.org	ATC21S
Kenntnisse	Fachgebundene Fähigkeiten	Tools interaktiv benutzen	Kommunikation Fremdsprachen; Mathematik, Wissenschaft & Technologie; digitale Kompetenz, Unternehmertum	akademischer Inhalt	Mathematik, Wissenschaft, Sprache-Englisch, Sprache-Welt, Wirtschaftswissenschaft, Geografie, Geschichte, Regierung & Civics und Geisteswissenschaften, IT, Medienkompetenz, Gesundheitskompetenz, Umweltkompetenz, Zivilkompetenz, globales Bewusstsein, Wirtschafts-, Business- und Unternehmenskompetenz.	Informationskompetenz, IKT-Kompetenzen
Skills	Skills für Denken und Kreativität	Interaktion in heterogenen Gruppen	Kommunikation in der Muttersprache.	Kritisch denken und komplexe Probleme lösen; zusammenarbeiten; effektiv kommunizieren	Kreativität; kritisches Denken; Kommunikation; Zusammenarbeit	Kreativität und Innovation; kritisches Denken; Problemlösung und Entscheidungsfindung; Kommunikation; Zusammenarbeit (Teamwork)
Charakter	Verhaltens-, soziale und emotionale Kompetenzen	Autonom handeln	Sozial- und Zivilkompetenzen; Sinn für Initiative; Kulturelles Bewusstsein und Ausdruck	Akademische Denkweisen	Flexibilität & Anpassungsfähigkeit; Initiative & Selbst-Richtung; Soziale & interkulturelle Fähigkeiten; Produktivität & Rechenschaftspflicht; Führung & Verantwortung	Leben und Karriere. Staatsbürgerschaft - lokal und global; kulturelles Bewusstsein und kulturelle Kompetenz; Persönliche & soziale Verantwortung
Meta-Lernen		Reflectiveness	Lernen des Lernens	Lernen des Lernens	Kritisch reflektieren	Lernen des Lernens Metakognition

Tabelle 2.2: Gemeinsamkeiten zwischen globalen Frameworks, Quelle: CCR

Abbildung 2.10 ist eine Visualisierung des kompletten CCR Frameworks, das das Verhältnis der vier Dimensionen zueinander zeigt. In den folgenden Kapiteln werden Details und Begründungen ausgeführt.

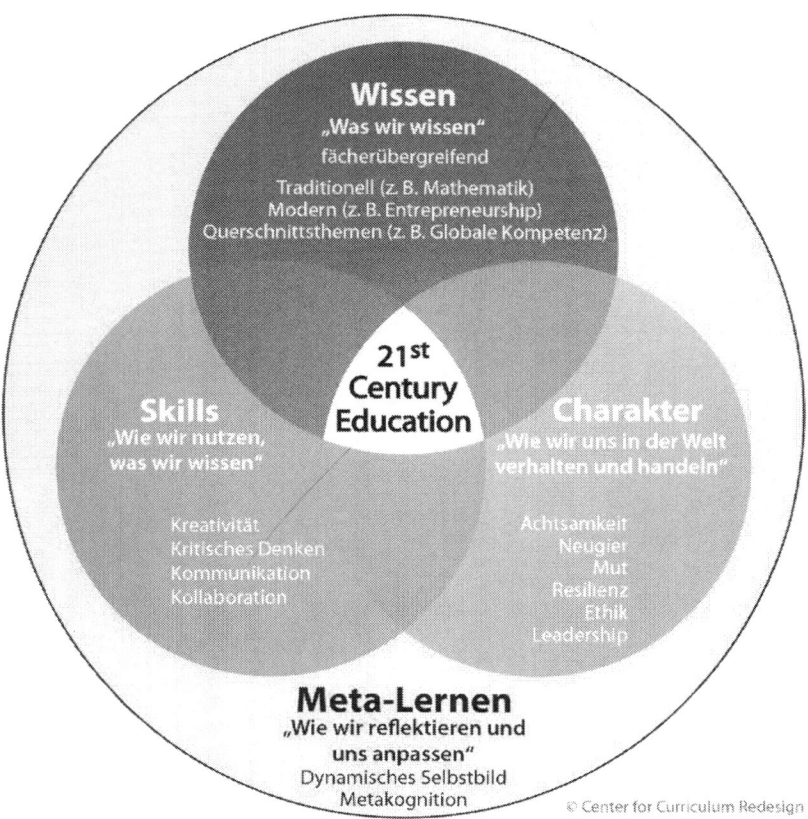

Abbildung 2.10: Das CCR-Framework, Quelle: CCR

Im Klassenzimmer sind alle vier Dimensionen miteinander verwoben. so dass wirksames Lernen eine gute Verbindung von Elementen aus allen Dimensionen ist. Ein Beispiel: Schülerinnen und Schüler sollen Fähigkeiten zu Führung und Zusammenarbeit einüben, indem sie in Teams einen Roboter entwickeln. Der Roboter soll ein Problem aus dem echten

Leben lösen, beispielsweise ein kleines Feuer aufspüren und löschen. Die Schülerinnen und Schüler müssen dafür Wissen aus verschiedenen Bereichen wie Wissenschaft, Technik, Ingenieurwesen, Maschinenbau, Programmierung, etc. anwenden. Außerdem reflektieren sie ihren Lernprozess im Projektverlauf immer wieder. In der Praxis sind schon jetzt die besten Lernerfahrungen in Schulen auf der ganzen Welt so aufgebaut, dass sie alle unterschiedlichen Aspekte des Lernens integrieren, ohne dass diese explizit einzeln genannt werden.

Die Überschneidungen aus den verschiedenen (traditionellen und modernen) Wissensgebieten mit den Fähigkeiten, Charaktereigenschaften und Strategien für das Meta-Lernen, die anhand der Wissensgebiete gelernt werden können, lassen sich in einer Matrix veranschaulichen (vgl. Tabelle 2.3). In deren Schnittstellen können manche Felder dicht und andere dünn belegt werden.

© 2014 Center for Curriculum Redesign All Rights Reserved	Skills				Charakter						Meta-Lernen	
	Kreativität	Kritisches Denken	Kommunikation	Kollaboration	Achtsamkeit	Neugier	Mut	Resilienz	Ethik	Leadership	Dynamisches Selbstbild	Metakognition
Traditionelles Wissen (Fächerübergreifend)												
Mathematik												
Naturwissenschaften												
Sprachen												
usw.												
Modernes Wissen (Fächerübergreifend)												
Robotik												
Entrepreneurship												
Wohlergehen												
usw.												
usw.												
Umweltbewusstsein												
Globale Kompetenz												
Querschnittsthemen (eingebettet)												

Tabelle 2.3. Matrix von Kompetenzen, Quelle: CCR

Mittels einer solchen Matrix können wir Ordnung in die überwältigend große Landschaft von Bildungszielen bringen und ein Angebot schaffen, um klar und zielführend über Curricula nachzudenken. Durch die Aufteilung entlang der vier Dimensionen gewinnen wir eine klare Struktur für weitere Debatten. Wir nutzen das Framework als leitende Struktur und verorten darin bisherige Überlegungen zum Thema Bildung. Auf dieses Weise können wir mit einer wirklich grundlegenden Überprüfung unserer Curricula beginnen.

Jede Wissensdomäne trägt die Verantwortung, diejenigen Fähigkeiten, Charaktereigenschaften und Strategien für das Meta-Lernen zu integrieren, die am besten zu ihr passen. Mathematik kann sich zum Beispiel gut eignen, um daran kritisches Denken, Resilienz und Meta-Kognition zu schulen. Viele dieser Kompetenzen werden in einem Curriculum nicht als gesonderte Angebote, also als Kurse, Klassen oder Lernmodule, aufgeführt werden. Sie müssen gezielt in die schon vorhandenen, inhaltlich passenden Lernaktivitäten eingebettet werden. Es ist sogar wahrscheinlich grundsätzlich so, dass sie am besten gelernt werden, wenn sie im Kontext konkreter Wissensdomänen verankert sind.

Selbstverständlich tragen alle Lernerfahrungen von Schülerinnen und Schülern zu ihrer Entwicklung über die vier Dimensionen hinweg bei. Einige Lernziele (z.B. Mut) lassen sich wohl wirksamer verfolgen, wenn man ihnen Aktivitäten außerhalb des Unterrichts zuordnet.
Die Inhalte in dieser Matrix werden je nach Alter bzw. Stufe ganz unterschiedlich aussehen, auch wenn die zugrundeliegenden Dimensionen und Elemente dieselben bleiben.

Wir beanspruchen nicht, hier komplett neue Ideen vorzustellen, zumal sich viele der Lernziele bis zu Sokrates oder Konfuzius zurückverfolgen lassen. Uns geht es darum, einen präzisen, klaren, nützlichen, relevanten und priorisierenden Rahmen zu schaffen, um heute relevante Bildungsziele zu organisieren und zu synthetisieren. Durch die Aufteilung in vier Dimensionen und die zugeordneten Elemente bieten wir eine gemeinsame Sprache für intensiven Austausch über den notwendigen Wandel von Bildung.

Für das, was Schülerinnen und Schüler heute lernen müssen, ist das Framework ein moderner Leitfaden, in dem die bisherigen Überlegungen über Bildung verortet werden können. Auf dieser Grundlage können wir jetzt grundsätzlich die Dimensionen dessen, was sich für das Lernen im 21. Jahrhundert lohnt, auf den Prüfstand stellen.

Kapitel 3 – Die Dimension Wissen

Traditionelles und modernes Wissen

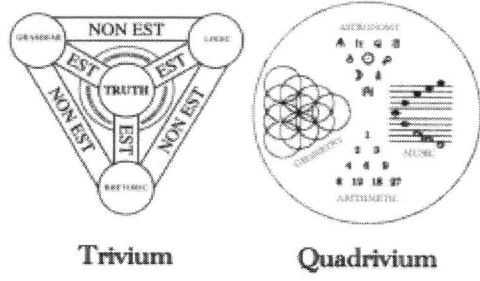

Trivium   Quadrivium

Abbildung 3.1 Trivium und Quadrivium

Entwicklungen auf der Landkarte der traditionellen Wissensfelder

Die Versuche, alle Wissensfelder zusammenzustellen, die für eine gebildete Person wichtig sind, lassen sich bis ins sechste Jahrhundert zurückverfolgen. In der westlichen Tradition[42] sind das Trivium und das Quadrivium die einflussreichsten unter den frühen Ausarbeitungen. Mit ihnen wurden im Mittelalter griechische Bildungstheorien aus der Klassik wiedererweckt. Sie definierten die Sieben Freien Künste für eine Universitätsbildung: Grammatik, Dialektik / Logik, Rhetorik, Astronomie, Geometrie, Arithmetik und Musik.

Wer diese Sieben Freien Künste studiert hatte, konnte das weiterführende Studium der damaligen Fachrichtungen Philosophie, Theologie, Recht oder Medizin aufnehmen. Die üblichen Bildungsziele der (höheren) Bildung haben sich über die Jahrhunderte weiterentwickelt. Gleichwohl

---

[42] In 2016 wird das CCR auch ein Curriculum aus östlichen Traditionen synthetisieren.

existieren auch heute noch an Hochschulen auf der ganzen Welt verschiedene Ansätze für eine Grundbildung im Sinne der Sieben Freien Künste. Abbildung 3.1 zeigt die Kernanforderungen („Core Requirements") der Columbia University.

Kurs	Semester gefordert
Literatur Geisteswissenschaften Ein Seminar, in dem die großen Werke der westlichen Literatur diskutiert werden.	2
Moderne Zivilisation Ein Seminar, in dem die großen Werke der westlichen Philosophie und Sozialtheorie diskutiert werden.	2
Kunst Geisteswissenschaften Ein Seminar, in dem die großen Werke der westlichen Kunst diskutiert werden.	1
Musik Geisteswissenschaften Ein Seminar, in dem die großen Werke der westlichen Musik diskutiert werden.	1
Schreiben auf Universitätsniveau Ein Seminar, um Schreibkompetenzen auf Universitätsniveau zu festigen.	1
Fremdsprache Die Anforderung, mindestens ein mittleres Sprachniveau einer Fremdsprache zu erlangen und zu festigen.	4
Grenzen der Wissenschaft Eine Vorlesungs- und Seminarreihe, die „wissenschaftliches Denken und Arbeiten" fördert.	1
Other Science Ein Verteilungsbedarf über alle wissenschaftlichen Disziplinen	2
Globaler Kern Ein Verteilungsbedarf, um den eurozentrischen Fokus der anderen Kurse zu kompensieren.	2
Sport	2

Tabelle 3.1: Kernanforderungen („Core Requirements") der Columbia University, Quelle: Columbia University

In den USA wurden erste Standards für Wissensbereiche in der Sekundarbildung erstmals 1893 etabliert. Zuständig war das *Committee of Ten*, das vom Präsidenten der Harvard University Charles Eliot geleitet und von der National Education Association finanziert wurde. Zehn Ausschüsse wurden einberufen, die sich aus Bildungsexpertinnen und Bildungsexperten zusammensetzten und meist von College-Präsidenten oder -Dekanen geleitet wurden. Ihr Auftrag: Sie sollten standardisierte curriculare Anforderungen für alle öffentlichen Sekundarschulen definieren.

In unterschiedlicher Ausprägung finden sich diese frühen Bildungsstandards (ohne Griechisch, Latein und andere speziellen Sprachanforderungen) bis heute noch in vielen Bildungssystemen wieder. Abbildung 3.2 fasst Ergebnisse aus der Arbeit des *Committee of Ten* zusammen. Das „p." bezieht sich auf die geforderten Anzahlen der Unterrichtsstunden („periods").

Table III of the Report of the Committee of Ten

1ST SECONDARY SCHOOL YEAR.	2ND SECONDARY SCHOOL YEAR.
Latin .... 5 p.	Latin .... 4 p.
English Literature, 2 p. } .. 4 p.	Greek .... 5 p.
" Composition, 2 p. }	English Literature, 2 p. } .. 4 p.
German [or French] .... 5 p.	" Composition, 2 p. }
Algebra .... 4 p.	German, continued .... 4 p.
History of Italy, Spain, and	French, begun .... 5 p.
France .... 3 p.	Algebra,* 2 p. } .... 4 p.
Applied Geography (European	Geometry, 2 p. }
political — continental and	Botany or Zoölogy .... 4 p.
oceanic flora and fauna) .. 4 p.	English History to 1688 ..... 3 p.
25 p.	33 p.
	* Option of book-keeping and commercial arithmetic.

3RD SECONDARY SCHOOL YEAR.	4TH SECONDARY SCHOOL YEAR.
Latin .... 4 p.	Latin .... 4 p.
Greek .... 4 p.	Greek .... 4 p.
English Literature, 2 p. }	English Literature, 2 p. }
" Composition, 1 p. } .. 4 p.	" Composition, 1 p. } .. 4 p.
Rhetoric, 1 p. }	" Grammar, 1 p. }
German .... 4 p.	German .... 4 p.
French .... 4 p.	French .... 4 p.
Algebra,* 2 p. } .... 4 p.	Trigonometry, } .... 2 p.
Geometry, 2 p. }	Higher Algebra, }
Physics .... 4 p.	Chemistry .... 4 p.
History, English and	History (intensive) and Civil
American .... 3 p.	Government .... 3 p.
Astronomy, 3 p. 1st ½ yr. } 3 p.	Geology or Physiography, }
Meteorology, 3 p. 2nd ½ yr. }	4 p. 1st ½ yr. } .. 4 p.
34 p.	Anatomy, Physiology, and }
* Option of book-keeping and commercial arithmetic.	Hygiene, 4 p. 2nd ½ yr. }
	33 p.

Abbildung 3.2: Pflichtfächer, Quelle: Report des *Committee of Ten*

Die Entwicklung von Enzyklopädien und das Entstehen der modernen Bibliothekswissenschaft haben zu einer Ausdifferenzierung der Wissensorganisation in thematische Felder beigetragen. Tabelle 3.1 zeigt die obersten Ebenen solcher Systematiken.

Enzyklopädie Plinius der Ältere, A.D. 79	Enzyklopädie Francis Bacon, 1620	Enzyklopädie Britannica, 1971	Dewey-Dezimal-Klassifikation, 1876	Library of Congress System, 1897
Naturgeschichte	Natur	Materie und Energie	allg. Arbeit, Informatik	allgemeine Arbeit
Architektur	Menschheit	die Erde	Philosophie und Psychologie	Philosophie, Psychologie, Religion
Medizin	Wirkung der Menschheit auf die Natur	das Leben	Religion	Historische Hilfswissenschaften
Geografie		das Menschenleben	Sozialwissenschaften	Weltgeschichte
Geologie		die Gesellschaft	Sprache	Amerikanische Geschichte
		Kunst	reine Wissenschaft	Geschichte der anderen Länder
		Technologie	Technologie	Geografie, Anthropologie, Erholung
		Religion	Geisteswissenschaften und Erholung	Sozialwissenschaft
		Geschichte	Literatur	Politikwissenschaft
		Wissenszweige	Geschichte und Geografie	Jura
				Bildung
				Musik
				bildende Kunst
				Sprache und Literatur
				Naturwissenschaften
				Medizin
				Landwirtschaft
				Technologie
				Militärwissenschaft
				Marinewissenschaft
				Bibliothekswissenschaft

Tabelle 3.2: Wissensklassifikation, Quelle: CCR

Seit dem Beginn des Informationszeitalters gibt es eine exponentielle Steigerung sowohl im Umfang des produzierten Wissens als auch in der Einfachheit, mit der Wissen zugänglich ist. Wir brauchen mehr und neuartige Wissenslandkarten, mit deren Hilfe wir durch die Komplexitäten der ständig wachsenden Wissenslandschaft steuern können.

Mit dem Aufkommen neuer Technologien wie Big Data, Cloud Dienste, Künstliche Intelligenz und Visualisierungstechniken werden viele neue Darstellungsformen für Wissen möglich. Durch Techniken wie Wissenslandkarten und dynamische Informationsdarstellung sehen wir erstaunliche neue Visualisierungen, zum Beispiel diese Momentaufnahme aus einer Simulation. Sie zeigt die dynamischen Beziehungen zwischen wissenschaftlichen Disziplinen, basierend auf der Anzahl der angeklickten Querverweise zwischen wissenschaftlichen Veröffentlichungen (vgl. Abbildung 3.3).

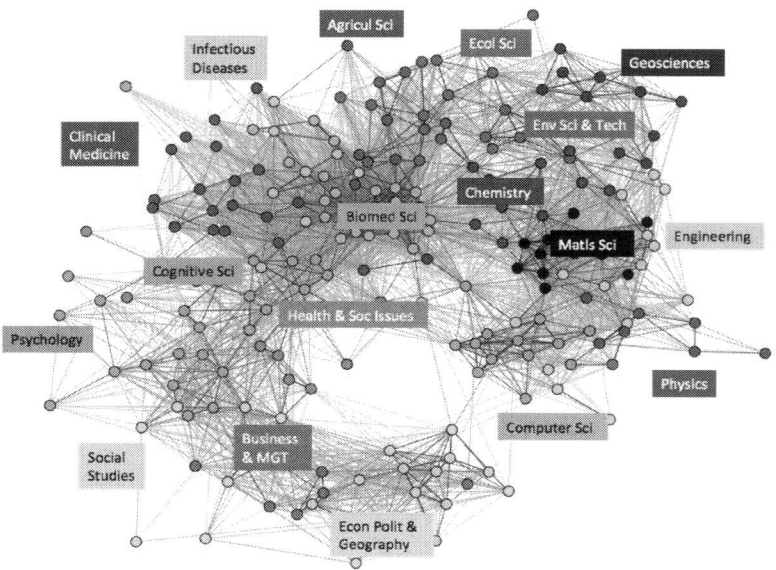

Abbildung 3.3: Netzwerk-Visualisierung der wissenschaftlichen Disziplinen, Quelle: Ismael Rafols, Alan L. Porter, and Loet Leydesdorff, "Science Overlay Maps: A New Tool for Research Policy and Library Management," Journal of the American Society for Information Science and Technology 61, no. 9 (2010): 1871-1887

CCR will in den nächsten Jahren Wissenslandkarten erarbeiten, die die Beziehungen innerhalb von und zwischen Wissensfeldern zu erklären helfen. Damit können wir einen Beitrag dazu leisten, Wissensstandards von Grund auf neu zu gestalten. Wenn wir die Zusammenhänge zwischen Wissensfeldern verstehen, hilft uns das, eine logische und wirksame Progression für ein Lernen, das auf tiefes Verstehen abzielt, zu entwickeln.

Die Verbindungen zwischen Wissensgebieten zu beleuchten und nachzuvollziehen steht im Einklang mit einer Forschung über Kompetenzentwicklung und kognitive Grundlagen des Verstehens. Diese Forschung deutet auf die Bedeutung hin, die Netzwerke aus Verknüpfungen zwischen verschiedenen Konzepten für das Denken der Lernenden haben.

Wie man die traditionellen Fächer nach Relevanz zusammenstellt

Dies sind die traditionellen Fächer, die in den meisten Bildungssystemen rund um die Welt gelehrt werden:

- Mathematik
- Naturwissenschaften
- (die heimische) Sprache
- Fremdsprachen
- Sozialwissenschaften (Geschichte, Geographie, Gemeinschaftskunde, Wirtschaft etc.)
- Kunst (inklusive Musik)
- geistiges und körperliches Wohlergehen (oft insbesondere Sport)

In vielen Curricula nehmen diese Fächer den Großteil der zur Verfügung stehenden Zeit ein. Neben ihnen bleibt wenig Raum für neuere Fächer oder neue Themen innerhalb der Fächer selbst, für moderne Bereiche, für Skills, Persönlichkeitsentwicklung oder für Meta-Lernen (mehr dazu in Kapitel 6, „Die Dimension Meta-Lernen"). Das führt zu Frustration bei Lernenden und Lehrenden. Denn auch ohne ausführliche Begründung wissen wir, dass es für Menschen und Gesellschaften heute mehr als nur das traditionelle Wissen braucht. Und dennoch: Ohne eine grundlegende Neugestaltung der Standards und der Assessments hat sich an der Lage über die letzten Jahrzehnte nichts grundsätzlich geändert. Statt das Curriculum zu beschneiden, kuratieren und neu zu gestalten, haben wir es immer nur weiter überladen.

Das traditionelle System begünstigt Quantität vor Qualität, bevorzugt (abfragbares) Wissen vor echtem Verstehen und der Fähigkeit, Wissen mit Kompetenzen (Fähigkeiten / Skills, Persönlichkeit, Meta-Lernen) zu verbinden. Was wäre, wenn das Bildungssystem im Ganzen mit Zielen wie persönlicher Erfüllung und gesellschaftlichem Fortschritt (inklusive Beschäftigungsfähigkeit) im Einklang stehen würde? Um dorthin zu gelangen, müssen wir schwierige Entscheidungen darüber treffen, was im 21. Jahrhundert wirklich relevant ist und was nicht.

Wie kann man abwägen, was in den traditionellen Fächern wichtig bleibt, wenn man dabei gleichzeitig rigoros vorgehen und die Flexibilität erhöhen will? Wie berücksichtigt man dabei die unmittelbare Verfügbarkeit von deklarativem und prozeduralem Wissen über das Internet? Wie kann man *vorsichtig* diejenigen Anteile zurückschrauben, die weniger relevant sind, so dass man Raum für moderne Wissensbereiche und Kompetenzen für das 21. Jahrhundert schafft? Antworten auf diese Fragen gibt das im Folgenden (am Beispiel der Mathematik) vorgestellte Verfahren. Dabei werden vier Möglichkeiten erklärt, in denen jedes beliebige Fach zerteilt und auf seine essentiellen Komponenten hin untersucht werden kann.

1. Konzepte und Meta-Konzepte[43]

Von welchen Ideen können Schülerinnen und Schüler ihr Leben lang profitieren, sei es durch praktischen Nutzen oder durch Bereicherung ihres Weltbildes? Was ist die Essenz aus einem bestimmten Wissensfeld? Welche Konzepte bleiben relevant, auch lange nachdem man die Schule verlassen hat?

Als ein Beispiel aus dem Fach Mathematik kann die momentane Änderungsrate dienen. Viele Schülerinnen und Schüler lernen das Konzept zunächst anhand einer linearen Steigung zwischen zwei Punkten kennen. Sie merken sich die Definition von „Steigung pro Strecke" und können die Änderungsrate für eine Gerade ausrechnen, wenn sie die notwendigen Informationen erhalten. Die Änderungsrate gewinnt zusätzliche Bedeutung, wenn man sie in der Physik anwendet, wo man das

---

[43] CCR, http://curriculumredesign.org/wp-content/uploads/Maths-Concepts-Processes-CCR.pdf

Verhältnis zwischen Position, Geschwindigkeit und Beschleunigung betrachtet. Da jede Größe dabei durch die Änderungsrate der vorherigen Größe bestimmt werden kann, lässt sich der Zusammenhang zwischen ihnen nachvollziehen. Dieses Konzept findet sich überall in den Naturwissenschaften wieder. Aber in seiner abstrakten Form kann es auch für alle Lernenden nützlich sein, die nicht in den Bereich MINT gehen wollen und im Alltag nur wenig Mathematik brauchen. Es ist bedeutsam, weil es eine grundlegende Art des Nachdenkens über Veränderung darstellt. Und die Welt ist voll von Veränderungen. Selbst wer sich nur begrenzt für Epidemiologie interessiert, sollte die Änderungsrate bei der Verbreitung von Krankheiten wie Ebola verstehen, um Entscheidungen über die eigene Gesundheit und Sicherheit treffen zu können. Das Project 2061 der American Association for the Advancement of Science liefert eine hervorragende Zusammenstellung, welche wissenschaftlichen Konzepte Schülerinnen und Schüler in welcher Altersstufe kennen sollten.[44]

Meta-Konzepte sind Konzepte, die von ihrem Wesen her nicht auf ein Thema begrenzt sind, sondern für eine ganze Disziplin und manchmal darüber hinaus auch für andere Disziplinen relevant sind. Ein solches Meta-Konzept aus der Mathematik ist der Beweis. Die Grundidee eines soliden Beweises ist nicht nur im gesamten Feld der Mathematik, sondern auch darüber hinaus anwendbar. Beispielsweise müssen Lernende auch in der Philosophie eine Argumentation erarbeiten können, bei der jede Komponente auf einer vorherigen Komponente aufbaut. Sie lernen, die Argumentation anderer kritisch zu prüfen, indem sie nach logischen Fehlern oder unbegründeten Behauptungen suchen. Diese Form des logischen Denkens kann auch genutzt werden, um Aussagen im öffentlichen Raum von der Werbung bis zur Politik auf den Prüfstand zu stellen.

---

[44] American Association for the Advancement of Science, Project 2061,
http://www.aaas.org/report/science-all-americans

2. Verfahren, Methoden und Werkzeuge[45]

Verfahren bestimmen die Elemente für das Gesamtbild jeder Disziplin. Sie unterscheiden sich von Feld zu Feld. In der Mathematik[46] könnten das sein: Fragen mathematisch formulieren, Anwendung von mathematischen Konzepten, Fakten, Verfahrensweisen und logischem Denken sowie Ergebnisse interpretieren und Schlussfolgerungen ziehen.

Verfahren lassen sich in Methoden unterteilen. Diese beziehen sich auf die Fähigkeiten zum logischen Denken in der jeweiligen Disziplin. Eine solche Methode in der Mathematik heißt „divide and conquer" („teile und herrsche"). Man lernt, ein schwieriges Problem in kleine Teilprobleme zu zerlegen, die man dann einzeln lösen kann. Diese Methode hilft auch bei der Bearbeitung von Herausforderungen im echten Leben, in allen Disziplinen und Berufsfeldern. Wer beispielsweise ein Buch schreiben will, kann eine Skizze als Gerüst schreiben, dann jede Komponente einzeln angehen und abschließend alles zu einem zusammenhängenden Werk zusammenfügen. Werkzeuge schließlich sind die kleinsten Formen von Methoden, beispielsweise Einmaleins-Tabellen.

3. Themengebiete, Fächer und Themen[47] [48]

Traditionell unterteilt man eine Disziplin in Themengebiete, Fächer (Bereiche) und Themen. Darunter finden sich Inhalte, die in der sich wandelnden Welt wichtiger sind, und solche, die weniger wichtig sind. Bei welchen nimmt die Bedeutung zu? In der Mathematik könnte die diskrete Mathematik ein relevantes neues Teilgebiet sein, mit Bereichen wie Spieltheorie und Themen wie dem Gefangenendilemma. Diese Themen haben einen Bezug zu vielen verschiedenen Fragen von individueller oder

---

[45] CCR, Mathematics for the 21st Century: What Should Students Learn?, Paper 2, Methods and Tools, http://curriculumredesign.org/wp-content/uploads/Maths-Methods-Tools-CCR.pdf

[46] OECD, Pisa 2015: Draft Mathematics Framework, www.oecd.org/pisa/pisaproducts/Draft%20PISA%202015%20Mathematics%20Framework%20.pdf

[47] CCR, http://curriculumredesign.org/wp-content/uploads/Maths-Branches-Subjects-and-Topics-CCR1.pdf

[48] Anm. d. Übersetzers: im Englischen: *Branches, Subjects, and Topics.*

gesellschaftlicher Bedeutung. Beispielsweise ist die Frage nach Doping im Sport ein Gefangenendilemma. Denn zwei rivalisierende Athleten profitieren beide, wenn keiner von ihnen Doping betreibt. Aber wenn einer betrügt, verliert der andere. Ein anderes Beispiel, dieses Mal aus der Wirtschaft: Werbung kostet allen Unternehmen Geld. Doch wenn ein Unternehmen keine Werbung betreibt, während seine Konkurrenten es tun, wird es Kunden an sie verlieren.

4. Wie sorgen wir für fächerübergreifendere Konstruktionen?

Wissen endet nicht an den Grenzen eines Fachbereichs. Es liegt also auf der Hand, nach Wegen zu suchen, wie wir Verbindungen zwischen verschiedenen Wissensgebieten deutlich machen können. Eine gute Möglichkeit, um Konzepte mit Leben zu füllen und den Lernenden ihre Relevanz vor Augen zu führen, ist die fächerübergreifende Anwendung von Konzepten, Meta-Konzepten, Methoden und Werkzeugen. Beispielsweise kann man Exponentialfunktionen (Mathematik) zusammen mit Zinseszins (Wirtschaft), Finanzblasen (Geschichte, Gesellschaft), bakteriellem Wachstum (Biologie) und Ressourcenerschöpfung (Umwelt) behandeln.

Es mag so aussehen, als sei so eine Neuorganisation unmöglich. Einige werden sagen, dass es einen Grund gibt, warum die Wissensstruktur in unserem Bildungswesen so ist, wie sie ist: Viele Konzepte seien so komplex, dass man sie nur verstehe, wenn sie zunächst in handhabbare Teile heruntergebrochen werden. Mit der Zeit würde dann das zugrunde liegende Muster hervortreten, aber erst wenn die Lernenden die einzelnen Komponenten verstanden hätten. Man könne ein Ökosystem nicht wirklich verstehen, wenn man nicht zuvor etwas über die Bedeutung von biotischen und abiotischen Faktoren gelernt habe. Und über die Nahrungskette mit ihren verschiedenen Trophieebenen, von den Primärproduzenten und den Primärkonsumenten bis zu den

Sekundärkonsumenten, Tertiärkonsumenten, Quartärkonsumenten. Und über die Destruenten (auch Reduzenten genannt).

In der Realität werden diese Vokabeln für Schülerinnen und Schüler keinen Nutzen außerhalb des Biologieunterrichts haben, außer wenn sie später einmal Biologie studieren wollen – wofür sie es dann ohnehin neu lernen würden. Diese Tendenz gilt für viele spätere Arbeitsplätze. Das Training on the job deckt einen großen Teil dessen ab, was jemand wissen muss, um in seiner Rolle Erfolg zu haben. Wir werden niemals alle Einzelheiten eines bestimmten Themas kennen können, zumal sich unser Verständnis mit der Zeit auch weiterentwickeln wird. Und wir haben via Internet sofortigen Zugriff auf alle aktuellen Informationen, die wir brauchen. Es ist klar, dass das Unterrichtsziel nicht darin bestehen kann, in einem Fach so viel wie möglich über die Einzelheiten dieses Fachs zu lernen. Es gibt noch ein weiteres Problem: Häufig werden solche Konzepte nicht unterrichtet, weil sie einen eigenen, intrinsischen Wert haben, sondern vielmehr weil sie einen instrumentellen Wert haben und für ein später zu bearbeitendes Konzept oder Thema wichtig werden. Auf diese Weise fällt es Schülerinnen und Schülern schwer, sich mit dem Wissen auseinanderzusetzen und es zu behalten.

Was aus dem Biologieunterricht wird für die Schülerinnen und Schüler bleiben, die sich mit dem Material befasst und etwas dazu gelernt haben, aber danach nicht Biologen werden? Vielleicht, dass Organismen sich in Hierarchien und Netzwerken zwischen Konkurrenz und Kooperation selbst organisieren. Oder dass sie alle die Energie der Sonne benötigen, die über verschiedene Organismen weitergegeben wird. Oder dass das Auswirkungen auf unser Handeln als Menschen in der gemeinsamen Umwelt hat. (CCR wird in den kommenden Jahren in jedem Fach mit Expertinnen und Experten arbeiten, um herauszubekommen, um welche Aspekte es geht.) Traditionelle curriculare Strukturen beinhalten solche

Konzepte zwar, verstecken sie aber oft in den Schlussfolgerungen, die nach vielen Absätzen oder gar Kapiteln über die Details folgen. Schülerinnen und Schüler fühlen sich dann oft erdrückt von den Massen an Inhalten, die sie lernen sollen. Wenn wir die Bildungsziele überarbeiten, weg von dem Fokus auf die vielen Inhalte eines Faches, hin zu einem Fokus auf das Verstehen von Schlüsselaspekten in sinnvoller Art und Weise, dann verbessern wir damit Verständnis, Behaltensleistung und die Lernerfahrung der Schülerinnen und Schüler.

Weil jede Stunde einen intrinsischen Wert bekommt und nicht überwiegend nur als Notwendigkeit für eine spätere Stunde oder für ein Studium gesehen wird, können Schülerinnen und Schüler sich auf den eigentlichen Inhalt konzentrieren. Sie müssen sich nicht länger selbst motivieren, auf ein versprochenes späteres Ziel hinzuarbeiten. Alle Schülerinnen und Schüler, unabhängig davon, worauf sie sich später spezialisieren werden, entwickeln die Grundlagen, aufgrund derer sie sich intelligent mit Fachleuten auseinandersetzen können. Sie können ihr Denken auf die Konzepte und Verfahren stützen, die zentral und grundlegend für die jeweilige Disziplin sind.

An dieser Stelle wird manch einer vielleicht fragen: „Warum kann man nicht gleich das traditionelle Wissen neu gruppieren, nicht entlang der Fächer, sondern anhand großer Ideen und dergleichen?" Die Antwort in einem Wort lautet: Machbarkeit. Überall auf der Welt ist der Unterricht entlang der Grenzen von Fächern aufgeteilt. Auch wenn wir für ein entschiedenes Umdenken hinsichtlich des Lehrplans plädieren, für mehr fächerübergreifendes Lernen und so weiter, so sind wir uns doch auch bewusst, dass die komplette Abschaffung der Fächer ein unrealistisches Ziel wäre – zumindest derzeit.[49] Es lohnt aber auf jeden Fall, dieses Ziel weiter

---

[49] Finnland beginnt eine schrittweise Umstellung hin zu Themen:
www.oph.fi/english/education_development/current_reforms/curriculum_reform_2016

zu erkunden, so dass mit der Zeit Veränderungen erreicht werden können, unterstützt durch eine zunehmende Kompetenzorientierung.

Nur durch ein signifikantes Bottom-up-Redesign unter Berücksichtigung aller Fragen, die oben gestellt werden, werden wir in der Lage sein, die wesentlichen Inhalte aus den traditionellen Fächern überzeugend verändern zu können.

Drei Ebenen von Nutzen

Ergänzend zu dem oben beschriebenen Verfahren müssen wir bei unseren Überlegungen berücksichtigen, dass jeder Themenbereich Nutzen auf drei unterschiedlichen Ebenen haben kann:

- Praktisch: Die Lernenden brauchen die Konzepte, Meta-Konzepte, Verfahren, Methoden und Werkzeuge sowie Themengebiete, Fächer und Themen dieses Fachs für ihren Alltag und für das spätere Arbeitsleben.
- Kognitiv: Die Beschäftigung mit dem Thema verbessert die Fähigkeiten zum höheren Denken, beispielsweise zu kritischem Denken, Kreativität oder Persönlichkeitsentwicklung. Diese Fähigkeiten können auch auf andere Themen und Zusammenhänge angewandt werden.
- Emotional: Ein Thema hat eine eigene Schönheit und kann uns helfen, die Welt besser zu verstehen. Die Schülerinnen und Schüler sollten diese Schönheit kennenlernen, weil sie eine große Errungenschaft unserer Gattung darstellt und weil sie als Antrieb für die Lernenden dienen kann.

Für jedes Fach treffen diese drei Ebenen unterschiedlich stark zu.

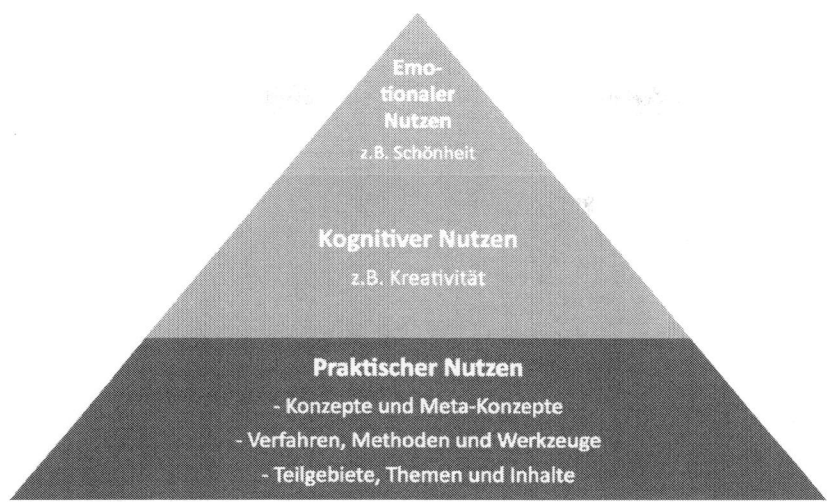

Abbildung 3.4: Die Pyramide des Nutzens, Quelle: CCR

Unter diesen drei Ebenen wird die praktische diejenige sein, die am stärksten Verschiebungen unterliegen wird, während sich die Welt weiterhin wandelt, die Wissensbasis der Menschheit weiter wächst und sich das für einen Arbeitsplatz notwendige Wissen ständig verändert. Auch wenn ein Gegenstand in der Vergangenheit großen praktischen Nutzen versprach, kann er inzwischen veraltet sein. Wir müssen sorgsam darauf achten, dass der praktische Wert unserer Unterrichtsinhalte weiterhin aktuell bleibt.

Inwieweit ein Thema kognitiven Nutzen über die praktische Anwendung hinaus besitzt, lässt sich empirisch beantworten. Die Lernwissenschaften müssen diese Fragen untersuchen und Antworten liefern. Wir glauben zwar, dass bestimmte Themen sich besonders gut für kognitive Transfers eignen, aber diese Annahmen müssen auf Basis von empirischen Belegen begründet werden, nicht aufgrund von Tradition oder individuellen Erzählungen.

Die emotionale Dimension schließlich, nach der einem Themenbereich so etwas wie Schönheit innewohnen kann, lässt sich zu einem gewissen Grad nur individuell beantworten. Gleichzeitig gilt es die Annahme zu vermeiden, dass diese Ebene erst dann thematisiert werden kann, wenn zuvor die praktische und die kognitive Ebene bearbeitet wurden. Schönheit kann zu einem großen Anteil dafür verantwortlich sein, dass Lernende ein Thema aus intrinsischer Motivation verfolgen. Wir können auf allen drei Ebenen gleichzeitig lernen.

Für den CCR ist es eine fortlaufende Aufgabe, diese drei Ebenen für jeden Fachbereich zu untersuchen. Insofern stellen diese Überlegungen kein abgeschlossenes Ergebnis dar.

Modernes (fächerübergreifendes) Wissen

Schaut man sich weltweit den derzeitigen Stand der Lehrpläne an und stellt die aktuellen Anforderungen unserer Zeit daneben, so wird offensichtlich, dass ein größeres Update unserer Lernziele längst überfällig ist. Damit Lernende mit dem Wissen ausgestattet sind, das sie für das 21. Jahrhundert brauchen, müssen wir neue, moderne, interdisziplinäre Fächer, Themengebiete und Fragestellungen einführen. Dabei müssen wir uns auf die wesentlichen Konzepte, Meta-Konzepte, Methoden und Werkzeuge konzentrieren und sie mit Querschnittsthemen[50] kombinieren.

Die weitreichenden Transformationen in unserer Welt müssen sich in den Themen und Querschnittsthemen widerspiegeln, die wir bearbeiten. Sie können am besten durch jeweils bestimmte traditionelle und moderne Fächer, Teilgebiete und Themen unterrichtet werden. Allerdings sagt die Einführung solcher Unterrichtsthemen noch nichts darüber aus, wie gut

---

[50] Querschnittsthemen ziehen sich quer durch Konzepte, Meta-Konzepte, Methoden, Werkzeuge, Teilgebiete, Fächer und Themen. Sie werden im nächsten Abschnitt vorgestellt.

die Lernenden auf die Veränderungen der Welt vorbereitet sind. Wir müssen unseren Blick daher bewusst auf die notwendigen Lernergebnisse richten, die mit dem jeweiligen Thema verbunden sein sollen.

Im Folgenden skizzieren wir die Veränderungen in der Welt entlang der Vorhersagen des Knowledge Forecast 2020[51] und verbinden mit jedem Trend jeweils Themen und Querschnittsthemen, Wissensbereiche und Lernergebnisse in Form von Tabellen. Diese Aufzählungen erheben keinen Anspruch auf Vollständigkeit. Sie sollen vielmehr veranschaulichen, auf welche Weise Überarbeitungen des Lehrplans und auf welche Weise fächerübergreifendes Wissen uns – wenn es gut gemacht wird – bei der Bewältigung neuer Herausforderungen helfen wird.

„Wenn es gut gemacht wird" ist allerdings ein entscheidender Vorbehalt. Viele im Folgenden genannte moderne Wissensfelder werden bereits in der einen oder anderen Weise unterrichtet, mit unterschiedlichem Erfolg. Nur weil man einen (methodisch eher traditionellen) Psychologiekurs über Kognitive Verzerrung besucht, muss das noch keine Verhaltensänderung zur Folge haben. Neue Themen werden erst eine bleibende Wirkung erzielen, wenn sie mit relevanten Lernzielen und wirksamer Praxis[52] verbunden werden.

Die Tabellen sind als Ausgangspunkt für weitere Analysen und Diskussionen gedacht. Das CCR wird sich in seiner weiteren Arbeit der Frage widmen, wie diese Ideen konsequent mit Leben gefüllt werden können.

---

[51] KnowledgeWorks Foundation: Forecast 2020 (vgl. Kapitel 1, Abschnitt „Exponentielles Wachstum und Wachstum")
[52] vgl. Kapitel 7 „Kurze Überlegungen zum *WIE*"

Längere menschliche Lebenserwartungen

Die Verlängerung der durchschnittlichen menschlichen Lebenserwartung wird starke Auswirkungen auf gesellschaftliche Dynamiken mit sich bringen. Dazu gehören Verschiebungen im Arbeitsmarkt, vertieftes Fachwissen in Organisationen, mehr Interaktion zwischen den Generationen, möglicherweise auch Widerstände gegen transformative Veränderungen, höhere Anforderungen an das Gesundheits- und Rentensystem.

Das führt auch zu persönlichen und ökonomischen Folgen. Dazu gehört, dass jemand im Laufe seines Lebens mehr berufliche Neuausrichtungen erlebt oder dass zwischen den Generationen Konflikte über die Ressourcenverteilung entstehen. Entsprechende Entwicklungen rufen nach einem höheren Grad an Einfühlungsvermögen zwischen den Generationen und einem stärkeren Gemeinsinn. Jeder muss ein angenehmes Gleichgewicht zwischen persönlichen und gesellschaftlichen Bedürfnissen erreichen.

Achtung: Wie oben zum Vorbehalt „*Wenn es gut gemacht wird ...*" schon erwähnt: Die Lernergebnisse, die in den Tabellen dieses Kapitels aufgeführt sind, werden auch im Kapitel 7 „Kurze Überlegungen zum *WIE*" vertieft werden.

Themen und Querschnittsthemen	Wissensbereiche	Lernergebnisse
individuelle Gesundheit	Wohlergehen (Ernährung, Bewegung, Sport Achtsamkeit, Kinästhetik etc.)	Selbststeuerung für das persönliche Wohlergehen, Gesundheitswissen, praktische Übungen
berufliche Biographien, Beschäftigungsfähigkeit, Kompetenzen	Verbraucherbildung, Wirtschaft	finanzielles Verantwortungsbewusstsein, berufliche Planung und Selbstverwirklichung

Tabelle 3.3: Längere menschliche Lebenserwartungen, Quelle: CCR

Vernetzte Menschen, Organisationen und Welt

Der weltweite Vernetzungsgrad zwischen Menschen führt zu vielen sich gegenseitig verstärkenden Effekten. Dazu gehören ein exponentieller Anstieg der Geschwindigkeit, mit der sich Informationen und Gedanken verbreiten und die Bandbreite menschlicher Interaktionen. Ein Gedanke kann heute innerhalb weniger Tage beschrieben und in ein Mem verwandelt werden, sich viral verbreiten, zu einer Bewegung werden und sich zu Demonstrationen mit Tausenden von Teilnehmern verwandeln. Um in dieser vernetzten Welt gut zurechtzukommen, braucht es eine größere Toleranz für kulturelle Unterschiede, Praktiken und Weltanschauungen sowie die Fähigkeit, diese Vielfalt für kreativere Antworten für die Herausforderungen unserer Welt zu nutzen.

101

Themen und Querschnittsthemen (*Querschnittsthemen)	Wissensbereiche (traditionell & modern)	Lernergebnisse
Soziale Kompetenzen Emotionale Intelligenz	Psychologie Soziologie Anthropologie Politologie Weltgeschichte Gemeinschaftskunde und Weltbürgerschaft Vergleichendes Religionsstudium Musik und Theater der Welt	Verstehen der Gedanken, Gefühle, Sichtweisen und Antriebe von anderen Kollaboration und Teamwork, digital und face-to-face, zahlreiche kulturelle Unterschiede überbrückend
*Globale Kompetenz	Kulturwissenschaften (geographisch, weltgeschichtlich, ethnographisch, Musik etc.) Medien / Journalismus fremde Sprachen und Linguistik internationale Wirtschaft(swissenschaft)	globale Perspektiven, Verständnis für globale Ereignisse, kulturelle Praktiken und Verhaltensweisen in verschiedenen Kulturen
*Systemdenken	Mathematik (komplexe Systeme) Integrierte Systeme (z.B. Robotik, Biosysteme, Geschäftswelt etc.) Umwelt und Ökologie Zukunftsstudien	Vernetztheit (*Interconnectedness*) Kausalität ökologische Interaktionen Vorhersagen

Tabelle 3.4: Vernetzte Menschen

Aufstieg von smarten Maschinen und Systemen

Wir sehen eine zunehmende Entwicklung und Verbreitung von smarten Maschinen – Technologien, die komplexe kognitive Aufgaben ausführen können, von denen wir vormals dachten, dass nur Menschen sie übernehmen können. Dies führt zu zunehmender Automatisierung von Arbeitsplätzen und Warenproduktion. Dadurch entstehen dramatische Veränderungen auf dem Arbeitsmarkt und gesamtwirtschaftliche Instabilitäten mit einer wachsenden Kluft in Sachen Einkommen und Beschäftigung. Gleichzeitig treibt uns die Entwicklung in eine übermäßige Abhängigkeit von Technik – mit der Gefahr, dass unser individueller Einfallsreichtum und unsere Unabhängigkeit schrumpfen.

Durch diese Verschiebungen werden technisches Know-How und nicht-automatisierbare Kompetenzen (Synthese, Kreativität etc.) in ihrer Bedeutung hervorgehoben. Es gibt auch ein steigendes Bedürfnis, weniger auf Konsum und mehr auf Kreativität ausgerichtet zu leben, was sich in einer Do-it-yourself (DIY) oder Maker-Geisteshaltung ausdrücken kann.[53] Dabei geht es darum, ein stärker pro-aktives Gleichgewicht zwischen Mensch und Technik zu schaffen (die Kontrolle darüber zu gewinnen, warum, wann und wie man sich auf Technik verlässt).

---

[53] Wikipedia-Artikel „Maker" https://de.wikipedia.org/wiki/Maker

103

Themen und Querschnittsthemen (*Querschnittsthemen)	Wissensbereiche (traditionell & modern)	Lernergebnisse
*Digitale Kompetenz	Computerwissenschaft Programmierung Technik Robotik Synthetische Biologie Maker / DIY-Fähigkeiten (z.B. 3D-Druck, Laserschneiden)	Informatisches Grundverständnis (Logik, Rekursion etc.) Datensammlung und Datenanalyse
*Design Thinking	Kundenbefragung Design und Prototyping Projektmanagement Forschung	kritisches und kreatives Denken Gewissenhaftigkeit bei der Erledigung jedes Einzelaspektes in komplizierten Projekten
Synthese & Integration	Schreiben (literarisch, journalistisch, technisch)	Projekte definieren, Pläne entwickeln, komplizierte Prozesse ausführen und die Ergebnisse prüfen, Ergebnisse präzise und klar präsentieren können
Ethische Haltung	Philosophie (Ethik)	ethisches Verhalten Selbstreflexion

Tabelle 3.5: Smarte Maschinen – Themen und Querschnittsfragen, Quelle: CCR

Big Data und Neue Medien

Mit der rasanten Verbreitung von digitalen Technologien und den umfassenden Möglichkeiten zur Kommunikation mit neuen Medien wurde die Vorherrschaft von Text als dominanter Kommunikationsform zurückgedrängt. Bilder und Video, also vormals für wenige reservierte Formen, machen heute die Mehrheit unserer Online-Kommunikation aus. In Zukunft wird die Rolle von virtuellen Realitäten zunehmen. Schülerinnen und Schüler müssen darauf vorbereitet sein, in einer solchen Welt auf neuen Wegen zu kommunizieren.

Gewaltige Vorteile und Bedenken entstehen aus dem alltäglichen Umgang mit Big Data, verstanden als Online-Systeme, die enorme Informationsmengen speichern, um wichtige Dienste anzubieten. Gigantische Datensätze, die durch Millionen von Individuen erzeugt werden, ermöglichen uns die Erstellung von Simulationen und Modellen. Mit ihrer Hilfe können wir unser Verständnis für komplexe soziale Dynamiken und Muster vertiefen und schließlich bessere, evidenzbasierte Entscheidungen treffen. Gleichzeitig stellen sich mit solchen Datensammlungen und dem Umgang mit ihnen Fragen nach Datenschutz, Datensicherheit, Identitätsdiebstahl und anderen Missbrauchsmöglichkeiten in Bezug auf personenbezogene Informationen.

Um die Vorteile voll nutzen und gleichzeitig die potentiellen negativen Formen eingrenzen zu können, brauchen wir eine stark ausgeprägte Medienkompetenz, einen starken Anteil von skeptischen Nachfragen durch Individuen und öffentliche Einrichtungen und eine fortlaufende Wachsamkeit für potenziellen Missbrauch der stetig wachsenden Sammlungen unserer privaten Daten.

Themen und Querschnittsthemen (*Querschnittsthemen)	Wissensbereiche (traditionell & modern)	Lernergebnisse
Big Data Analyse	Statistiken und Wahrscheinlichkeiten Computer Wissenschaft und Technik	Verstehen, wie man riesige, komplexe Datensätze für das Lernen und die Entscheidungsfindung nutzt Unterschiede zwischen menschlichem und maschinellem Lernen erkennen
Medienkompetenz	Kinematographie und Medienproduktion Marketing, Werbung und Verkauf	überzeugend eine Nachricht in Medienformen umsetzen Überzeugungskraft Identitäts- / Markenmanagement im digitalen Raum
*Digitale Kompetenz	Informationstechnologien	ausgeprägtes Bewusstsein für eigene digitale Spuren digitale Technologien geschickt bedienen können und gleichzeitig um deren Begrenzungen wissen
*Informationskompetenz	Psychologie Soziologie Anthropologie Weltgeschichte	Bereitschaft zur Offenheit beibehalten kulturelle Brillen berücksichtigen Gelassenheit bei konkurrierenden Beweislagen kultivieren

Tabelle 3.6: Medienkompetenz – Themen und Querschnittsfragen, Quelle: CCR

Umweltbelastungen und -anforderungen

Wie oben schon geschrieben: Die Menschheit verbraucht ihre natürlichen Ressourcen mit beispielloser Geschwindigkeit, wobei sie mehr konsumiert und mehr wegwirft als je zuvor. Bisher haben unsere Technologien der Natur eine erstaunliche Fülle an Nahrung, Energie und anderen materiellen Ressourcen entnommen. Wissenschaftler schätzen, die Menschheit nutze ungefähr „40 Prozent der potentiellen irdischen (Planzen-) Produktion"[54] für sich selbst. Mehr noch: Wir bauen auch die Überreste von Pflanzen und Tieren aus den vorherigen Hunderten Millionen Jahren (in Form von Kohle und Öl) in der relativ kurzen Zeitspanne von wenigen Jahrhunderten ab. Ohne Technik hätten wir keine Chance, eine Bevölkerung von einer Milliarde Menschen zu ernähren, erst recht nicht von sieben und mehr Milliarden.

Setzen sich diese Trends fort, führen sie wahrscheinlich zu einer Zunahme im Wettbewerb um Ressourcen und zu einer Reihe von Ressourcenknappheiten, die den Alltag beeinträchtigen. Gleichzeitig erhöht sich damit auch die Notwendigkeit für eine Forschung und Entwicklung von Innovationen und den Ausbau umweltfreundlicherer alternativer Technologien. Damit steht nicht nur unsere Fähigkeit auf dem Prüfstand, solche Innovationen auf professioneller Ebene voranzutreiben. Es ist auch ein Test für unsere kollektive Verpflichtung, unser Verhalten zu verändern und vielfältigere Methoden zur Nutzung, Wiederverwendung und Schonung von Ressourcen zu akzeptieren.

Demographische Veränderungen und zunehmende Migration erfordern verstärkte Kooperation und Sensibilität innerhalb und zwischen Nationen und Kulturen. Solche Anforderungen legen nahe, dass wir die Bedeutung

---

[54] Peter M Vitousek, Paul R. Ehrlich, Anne H. Ehrlich, and Pamela A. Matson: "Human Appropriation of the Products of Photosynthesis," BioScience (1986): 368-373.

von „Erfolg" neu definieren müssen – über die Kennzahl eines Bruttoinlandsprodukts (BIP) hinaus, das den Blick auf die nationale Wirtschaftsleistung verengt. Es braucht eine Expansion bei Geschäftsmodellen, die Kollaboration, Toleranz gegenüber Vielfalt, Nachhaltigkeit und andere Maßstäbe für sozialen Fortschritt miteinbeziehen. Damit einher gehen auch die Anforderungen an Organisationen, ihre Ziele mit einem ethischen Ansatz gegenüber gesellschaftlichen Herausforderungen zu verfolgen.

Themen und Querschnittsthemen (*Querschnittsthemen)	Wissensbereiche (traditionell & modern)	Lernergebnisse
*Systemdenken	Geschichte (Netze menschlicher Interaktionen) Mathematik (komplexe Systeme) Soziologie Psychologie Anthropologie Geographie Ökonomie	Nachhaltigkeit und Vernetztheit (Interconnectedness) Belohnungsaufschub und langfristiges Denken soziale Perspektiven Überzeugungen auf Evidenz begründen Nachhaltigkeit
*Umweltkompetenz	Studium der Umwelt und der Umweltwissenschaft	Vernetztheit (Interconnectedness) Kausalität ökologische Interaktionen

Tabelle 3.7: Umwelt - Themen und Querschnittsfragen, Quelle: CCR

Optimierte Menschen / Transhumanismus

Durch Fortschritte bei prothetischen, genetischen und pharmakologischen Unterstützungen und Verbesserungen werden menschliche Fähigkeiten neu definiert. Dabei verwischen die Grenzen zwischen Behinderungen und Super-Fähigkeiten. Parallel dazu kann es sein, dass der Fortschritt auf dem Feld der virtuellen Realität zu Veränderungen in der Selbstwahrnehmung und in dem Gefühl von Handlungsfähigkeit (*agency*) in der Welt führen.

Solche dramatischen Verschiebungen in den menschlichen Fähigkeiten machen es erforderlich, dass wir überdenken, was das menschliche Dasein angesichts solcher Cyber-Power ausmacht. Unsere Identität braucht ein neues Gleichgewicht zwischen den Empfindungen der echten Welt und den Simulationen der digitalen Welt.

Themen und Querschnittsthemen (*Querschnittsthemen)	Wissensbereiche (traditionell & modern)	Lernergebnisse
physische Erdung durch Fähigkeiten von Hand und Körper	Wohlbefinden Handwerk, Gartenarbeit, Tischlerarbeit, Kochen, Nähen, Maker / DIY etc.	physische Fertigkeiten und ein dynamisches Selbstbild bei physischen Aufgaben
Empathie kollektive Verantwortung	Haustiere aufziehen sich um andere kümmern Soziologie Psychologie Anthropologie Weltgeschichte, Gemeinschaftskunde, Ethik Vergleichendes Religionsstudium, Zukunftsstudien	„sich kümmern" zu einer Gewohnheit entwickeln Sozialwissenschaftliche Forschung anwenden, um sich selbst und aktuelles Geschehen zu verstehen und zu einer besseren Zukunft zu gestalten Gemeinsamkeiten innerhalb der Menschheit erkennen
Achtsamkeit Metakognition	Philosophie Ethik / Gemeinschaftskunde Vergleichendes Religionsstudium Kunst und persönlicher Ausdruck	Selbstbewusstsein Selbstregulation Selbstverwirklichung Selbsttranszendenz Reife Weisheit

Tabelle 3.8: Smarte optimierte Menschen / Transhumanismus – Themen und Querschnittsfragen, Quelle: CCR

Synthese zu modernen, fächerübergreifenden Wissensfeldern

Nun existieren zwar schon viele Programme, die Angebote für die beschriebenen Fächer bzw. fächerübergreifenden Themen machen. Die größte Herausforderung besteht jedoch darin, Zeit dafür im Lehrplan zu finden. Wie schon beschrieben: Die traditionellen Fächer nehmen die derzeit verfügbare Zeit komplett in Anspruch, können aber nicht ausreichend alle Kompetenzen vermitteln, die für das 21. Jahrhundert benötigt werden. Um Platz zu schaffen, müssen wir die Ziele, den Nutzen und die Relevanz unserer traditionellen Fächer überdenken und diejenigen Abschnitte entfernen, die überholt oder heutzutage weniger nützlich sind.

Je stärker die Welt vernetzt, komplex und kollaborativ wird, desto notwendiger wird es, Fragen, Probleme, Aufgaben und Herausforderungen mit einem interdisziplinären Ansatz anzugehen. Auch das Lernen verbessert sich, wenn die Schülerinnen und Schüler tief in Wissensgebiete eintauchen und Verbindungen zwischen verschiedenen Ideenwelten knüpfen können. Sie erreichen damit sowohl Tiefe als auch Breite in ihrem Verständnis und ihren Kompetenzen. Die Harvard-Forscherin Veronica Boix-Mansilla vom „Project Zero" sagt: „Fächerübergreifendes Lernen wurde mit der Fähigkeit zum kritischen Denken, mit anspruchsvolleren Konzeptionen von Wissen, Lernen und Erforschung sowie mit erhöhter Motivation und verstärktem Engagement der Lernenden in Verbindung gebracht."[55] Fächerübergreifendes Lernen wird auch eine Notwendigkeit für traditionelle Wissensgebiete sein, so dass diese nicht getrennt von ihren Anwendungen in der echten Welt gesehen werden. Ein Beispiel: Robotik könnte dafür genutzt werden, nicht nur etwas über Mechanik,

---

[55] V. B. Mansilla, Learning to Synthesize: A Cognitive-Epistemological Foundation for Interdisciplinary Learning. Harvard Graduate School of Education, 2009, www.frinq-fall2012retreat.michael-flower.com/resources/Learning_to_synthesize.pdf

Elektrotechnik und Informationstechnik zu lernen, sondern auch über die entsprechenden Konzepte in Physik und Mathematik.

Die im Folgenden aufgezählten modernen, fächerübergreifenden Wissensfelder haben wir auf Basis der vorangegangenen Tabellen als diejenigen identifiziert, die die breiteste Anwendbarkeit und die höchste Relevanz für einen erfolgreichen Ansatz für Lernen im 21. Jahrhundert versprechen:

- Technologie und Ingenieurwesen – inklusive Informatik und im Besonderen Programmieren, Robotik und Künstliche Intelligenz
- Bioengineering – im Besonderen Genome Editing und Synthetische Biologie
- Medien – inklusive (digitalem) Journalismus und Video
- Entrepreneurship und Geschäftsentwicklung
- Persönliche Finanzen
- Wohlergehen – sowohl physisch wie auch psychisch
- Soziale Systeme – Soziologie, Anthropologie etc.

Es mag sicherlich noch weitere moderne, fächerübergreifende Wissensfelder geben. Ideen und Feedback sind willkommen.

Querschnittsthemen

In Ergänzung zu den Zielen und Kompetenzen für das 21. Jahrhundert, den modernen, fächerübergreifenden Wissensfeldern und den relevanten Teilen der traditionellen Fächer gibt es einen weiteren wichtigen Aspekt für ein Curriculum für das 21. Jahrhundert: Querschnittsthemen. Querschnittsthemen stehen für gemeinsame Stränge, die sich durch viele (moderne und traditionelle) Fächer hindurchziehen und die in vielen Ländern und Kulturen wichtig sind. Lehrende, Schülerinnen und Schüler und Curriculumsgestaltende werden unzählige Wege finden, um sie in den elementaren Lernfeldern hervorzuheben. Die von CCR bisher als relevant erkannten Querschnittsthemen sind im Folgenden beschrieben.

Globale Kompetenz[56]

Unsere globale Gemeinschaft wird immer vernetzter. Es reicht nicht mehr aus, wenn Lernen alleine aus der Perspektive eines einzelnen Landes erfolgt. Bildung für das 21. Jahrhundert verlangt, dass jede Schülerin und jeder Schüler jeden Gegenstand durch eine Vielzahl von kulturellen Perspektiven[57] aus aller Welt lernen muss. Das bedeutet zum Beispiel: Weltgeschichte umfasst die Geschichte von Ländern aus aller Welt; im Mathematikunterricht werden nicht nur westliche, sondern auch östliche (arabische, indische, chinesische) Mathematiker diskutiert; Schülerinnen und Schüler bekommen Anlässe, die eigenen kulturellen Tendenzen und Perspektiven kritisch zu hinterfragen und Verständnis und Akzeptanz für andere Sichtweisen zu entwickeln. Im gesamten Curriculum sollten Schülerinnen und Schüler lernen, wie sie individuelle Angelegenheiten im Kontext ihrer globalen soziokulturellen Relevanz einordnen, ein internationales Bewusstsein sowie eine intensive Wertschätzung für kulturelle Vielfalt entwickeln können.

Informationskompetenz

Laut Eric Schmidt, damals CEO von Google, erschaffen wir alle zwei Tage so viele Informationen wie zwischen dem Anfang der Zivilisation bis 2003.[58] Die Anzahl der wissenschaftlichen Publikationen wächst um

---

[56] Anm. d. Übersetzers: Der Begriff „Kompetenz" wird in diesem Kapitel häufig genutzt, um „literacy" zu übersetzen. An diesen Stellen sind nicht die zwölf Kompetenzen des CCR Frameworks gemeint (vgl. Tabelle 2.3), die im Englischen als „competencies" bezeichnet und ebenfalls als „Kompetenzen" übersetzt werden.

[57] Die Asia Society ist ein höchst glaubwürdiger Champion im Bereich der Globalen Kompetenz. http://asiasociety.org/globalcompetence

[58] M.G. Sigler: "Eric Schmidt: Every 2 Days We Create As Much Information As We Did Up To 2003," TechCrunch, http://techcrunch.com/2010/08/04/schmidt-data

jährlich sieben bis neun Prozent (insgesamt). Das entspricht etwa einer Verdoppelung des wissenschaftlichen Outputs alle zehn Jahre.[59] [60]

Zwar wissen viele Menschen, wie sie im Internet nach Informationen suchen können. Allerdings ist nicht selbstverständlich, dass sie über die feiner abgestuften Fähigkeiten zum logischen Denken verfügen, um ihre Suchergebnisse kritisch zu prüfen und zusammenzufügen, insbesondere in Anbetracht der gewaltigen Informationsmenge, die sie verarbeiten müssen.

Twenty-First Century Information Literacy Tools (TILT)[61] ist ein Programm von The People's Science.[62] [63] Es identifiziert sechs zentrale Fähigkeiten und Bewusstseinsaspekte für den Umgang und die Anwendung von Informationen im echten Leben. Diese Zielsetzungen umfassen die zentralen Fertigkeiten, die es braucht, um verantwortlich aus einer Flut an Informationen nützliches Wissen zu sammeln, zu prüfen und zu verarbeiten (vgl. Abbildung 3.5).

---

[59] Richard Van Noorden: "Global scientific output doubles every nine years," Nature News Blog, http://blogs.nature.com/news/2014/05/global-scientific-output-doubles-every-nine-years.html

[60] Ronald Bailey:"Half the Facts You Know Are Probably Wrong," Reason, October 2, 2012, https://reason.com/archives/2012/10/02/half-of-the-facts-you-know-are-probably

[61] Anm. d. Übersetzers: In etwa „Werkzeuge für Informationskompetenz im 21. Jahrhundert".

[62] Anm. d. Übersetzers: Die Initiative hat sich dem Transfer zwischen Wissenschaft, Gesellschaft und Individuen verschrieben.

[63] The People's Science, www.thepeoplesscience.org/#tilt, entwickelt von Stephanie Sasse und Maya Bialik

Abbildung 3.5: Werkzeuge für Informationskompetenz, Quelle: The People's Science. Übersetzung basierend auf: hhtp://www.thepeoplesscience.0rg/assets/TPS_TILT_Workshops_and_Training.pdf (S. 6)

TILT benennt die folgenden zentralen Fertigkeiten der Informationskompetenz:

- Man erhalte eine dynamische Grundhaltung aufrecht, indem man die grundsätzliche Wandelbarkeit von Informationen anerkennt und für neue Belege offen bleibt.

- Man berücksichtige die Rolle von soziokulturellen Brillen bei der Interpretation von Informationen und der Verbreitung neuer Ideen.

- Man kultiviere Gelassenheit im Umgang mit widersprüchlichen Faktenlagen, indem man anerkennt, dass eine sachorientierte Debatte aus kritischen, nuancierten Schritten besteht, die zu Gegenrede, Anpassung und schließlich Konsens führen.

- Man prüfe die Glaubwürdigkeit einer Quelle hinsichtlich gemeinsamer Zugangspunkte im Kreislauf der Informationsverbreitung.

- Man entwickle eine sachkundige Orientierung, um die Einordnung eines konkreten Belegs in sein breiteres Wissensumfeld zu klären. Man erkenne logische Fehler, wenn man die Glaubwürdigkeit und Gültigkeit von Schlussfolgerungen prüft.

Mit dem beispiellosen Wachstum der Informationsmenge wird Informationskompetenz zunehmend wichtig für Lernende in allen Fachbereichen.

Systemdenken

Wissenschaftliche Disziplinen und soziale Systeme haben die Grundidee von komplexen Systemen gemeinsam (vgl. Abbildung 3.6).[64] Das erfordert einen Paradigmenwechsel weg vom mechanischen und reduktionistischen Modell der westlichen Kultur des 20. Jahrhunderts, hin zu einem ausgewogenen Ansatz. Die Analyse hat weiterhin ihre Daseinsberechtigung, indem sie Parameter einzeln kritisch betrachtet und damit eine vertiefte Behandlung und ein ausgeprägtes Verständnis ermöglicht. Aber sie muss durch Synthese in eine ganzheitliche Sichtweise integriert werden, so dass jeder Bestandteil als ein Ganzes und jedes Ganze als Teil eines größeren Systems betrachtet und die Beziehung zwischen diesen Teilen untersucht werden kann.[65]

---

[64] Y. Bar-Yam: Dynamics of Complex Systems. Reading, MA: Addison-Wesley, 1997
[65] Systemdenken ist nicht dasselbe wie holistisches Denken. Es umfasst holistisches und reduktionistisches Denken gemeinsam.

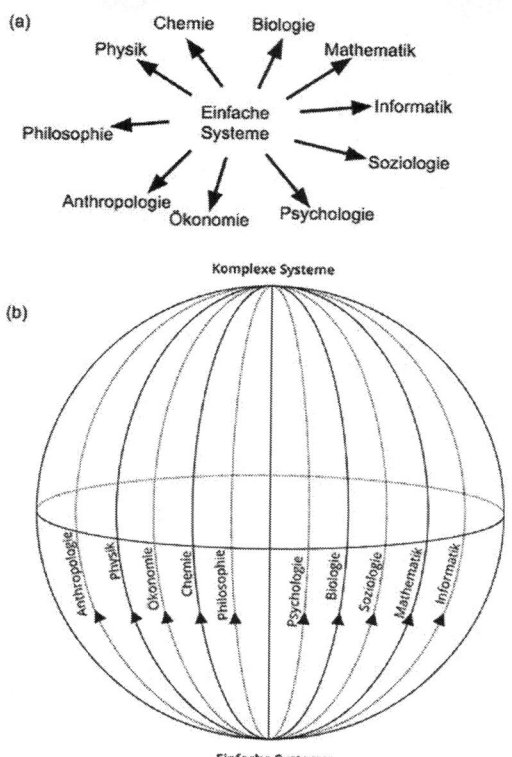

Abbildung 3.6: Systems Thinking, Quelle: Bar-Yam, Y. Dynamics of Complex Systems

Der Lerntheoretiker und Kognitionswissenschaftler Derek Cabrera schlägt vor, dass Schülerinnen und Schüler lernen sollten, über die Aspekte *Differenzierung* (*distinctions*), *Systeme* (*systems*), *Relationen* (*relationships*) und *Perspektiven* (*perspectives*) (DSRP) nachzudenken.

- Differenzierung (distinctions): Entwickle zunehmend anspruchsvolle Beschreibungen von Gedanken und Gegenständen.

- Systeme (systems): Dekonstruiere Ideen und rekonstruiere neue integrierte Konzepte mit einer Vielzahl von Interaktionen zwischen dem Teil und dem Ganzen.

- Relationen (relationships): Erkenne die Verbindungen zwischen Dingen.

- Perspektiven (perspectives): Betrachte Dinge von verschiedenen Standpunkten aus.[66]

Indem Lernende diese übergreifenden Eigenschaften von komplexen Systemen bedenken, können sie mittels dieses Ansatzes eine moderne, systemische Perspektive auch auf eher traditionelle Fächer anwenden.

Design Thinking

Wie wir gesehen haben, sind wir im 21. Jahrhundert mit Herausforderungen konfrontiert, die ein größeres Umdenken und Umgestalten von vielen gesellschaftlichen Institutionen erfordern, vom Bildungswesen über Landwirtschaft und Energieverbrauch, Produktdesign und -herstellung bis hin zu Wirtschafts- und Regierungsinstitutionen. Wenn man den Hintergrund des zunehmenden Einsatzes von Informations- und Kommunikationstechnologien, globaler Vernetzung, ökologischer Nachhaltigkeit in Sachen Energie und Materialien, längerer Lebenserwartung und erhöhtem Wohlbefinden beleuchtet, muss fast jedes Produkt und jede Dienstleistung neu gestaltet werden. Über Produkte und Dienstleistungen hinaus braucht es für die Bearbeitung unserer Herausforderungen eine Denkweise des Design Thinkings.

Ein Weg, den Designprozess klar zu konzeptualisieren, führt entlang von vier Grundprinzipien:[67]

- Gebot der *Menschlichkeit*: Jede Designaktivität ist letztlich sozialer Natur.
- Gebot der *Mehrdeutigkeit*: Design Thinker müssen Mehrdeutigkeit bewahren.

---

[66] D. Cabrera et al.: "Systems thinking," Evaluation and Program Planning 31, no. 3 (2008): 299–310. For a TEDx talk by Dr. Cabrera, see www.youtube.com/watch?v=dUqRTWCdXt4

[67] Hasso Plattner, Christoph Meinel, Larry J. Leifer, eds.: Design Thinking: Understand, Improve, Apply. Understanding Innovation (Berlin; Heidelberg: Springer-Verlag, 2011): xiv–xvi. DOI: http://dx.doi.org/10.1007/978-3-642-13757-0

- Gebot zum *Redesign*: Jedes Design ist Redesign (Fehler sind ein natürlicher Teil des Prozesses der schrittweisen Verbesserung).
- Gebot der *Greifbarkeit*: Greifbare Ideen unterstützen Kommunikation.

Abbildung 3.7 zeigt ein Beispiel für ein Design Thinking-Prozessmodell für ein Curriculum.

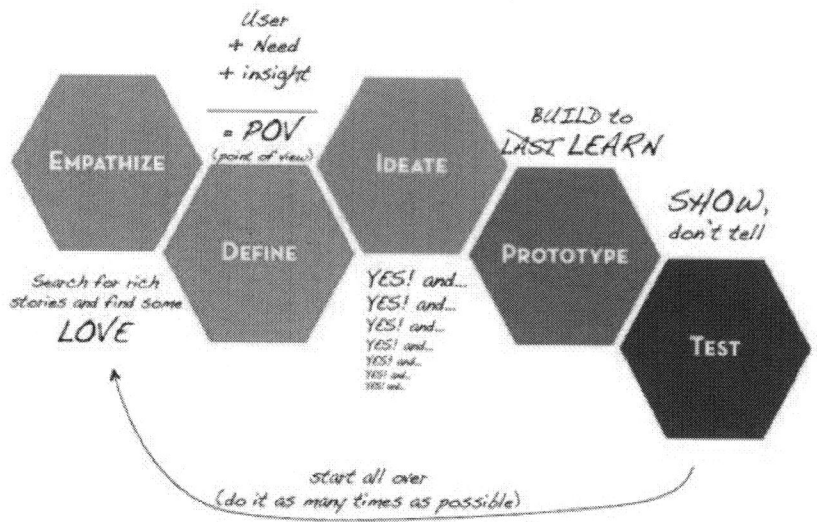

Abbildung 3.7: Design Thinking, Quelle: Stanford University d:School

Umweltbewusstsein

Wie schon diskutiert, hat die Menschheit sich schnell einer Reihe der ökologischen Grenzen unseres Planeten angenähert oder diese schon überschritten. Um für die Zukunft große Umweltkrisen oder ökologische Katastrophen zu vermeiden, braucht jede Bürgerin und jeder Bürger Basiswissen über umweltwissenschaftliche Grundlagen und die Auswirkungen unserer Gesellschaften auf die langfristige Nachhaltigkeit für die Menschheit.

P21 definiert die folgenden Fähigkeiten als Komponenten von Umweltbewusstsein:

- Wissen und Verständnis für die Umwelt und die sie beeinflussenden Umstände und Bedingungen, insbesondere in Bezug auf Luft, Klima, Boden, Lebensmittel, Energie, Wasser und Ökosysteme
- Wissen und Verstehen der Auswirkungen von Gesellschaft auf die natürliche Umwelt (z. B. Bevölkerungswachstum, Bevölkerungsentwicklung, Geschwindigkeit des Ressourcenverbrauchs usw.)
- Überprüfung und Analyse von Umweltfragen, um treffende Schlussfolgerungen zu wirksamen Lösungen zu ziehen
- Handlungen auf individueller und kollektiver Ebene zur Bewältigung von ökologischen Herausforderungen (z. B. Beteiligung an globalen Maßnahmen, Gestaltung von Lösungen, die umweltgerechte Handlungen anregen)

Digitale Kompetenz

Wie oben diskutiert, gewinnt technisches Know-How zunehmend an Bedeutung. Parallel zur Weiterentwicklung von Werkzeugen und Medien müssen Schülerinnen und Schüler lernen, eine Vielzahl neuer Technologien zu verwenden. Wenn wir technische Innovationen in den meisten Berufsfeldern einführen, werden für die Mehrheit der Arbeitsplätze zusätzliche Qualifikationen gebraucht. Es ist wichtig, dass Schülerinnen und Schüler lernen, wie sie sicher mit den bestehenden technischen Werkzeugen umgehen können, beispielsweise die Suche im Internet, Textverarbeitung, Tabellenkalkulationen und Social-Media-Anwendungen – und dass sie auch offen für den Umgang mit neuen Technologien sind.

Alle diese Querschnittsthemen bieten Lehrenden und Lernenden gleichermaßen einen Weg, um Lernen relevanter, stärker in der realen Welt verankert, motivierender und handlungsorientierter zu gestalten. Sie bieten auch eine Grundlage für fächerübergreifendes Denken, wenn Lehrende sie als spezifische Brillen mit inhaltlichen Bereichen und Kompetenzen verbinden.

Das CCR Wissens-Framework auf einen Blick

Aus der obigen Diskussion ergibt sich die folgende Zusammenfassung, die die Wissensgebiete zusammenführt (vgl. Abbildung 3.8). Wie schon erwähnt, handelt es sich bei dieser Arbeit um work-in-progress, die weiter erforscht werden wird, wenn wir Tiefenbohrungen zur Entwicklung von Bildungszielen für jedes Wissensgebiet vornehmen.

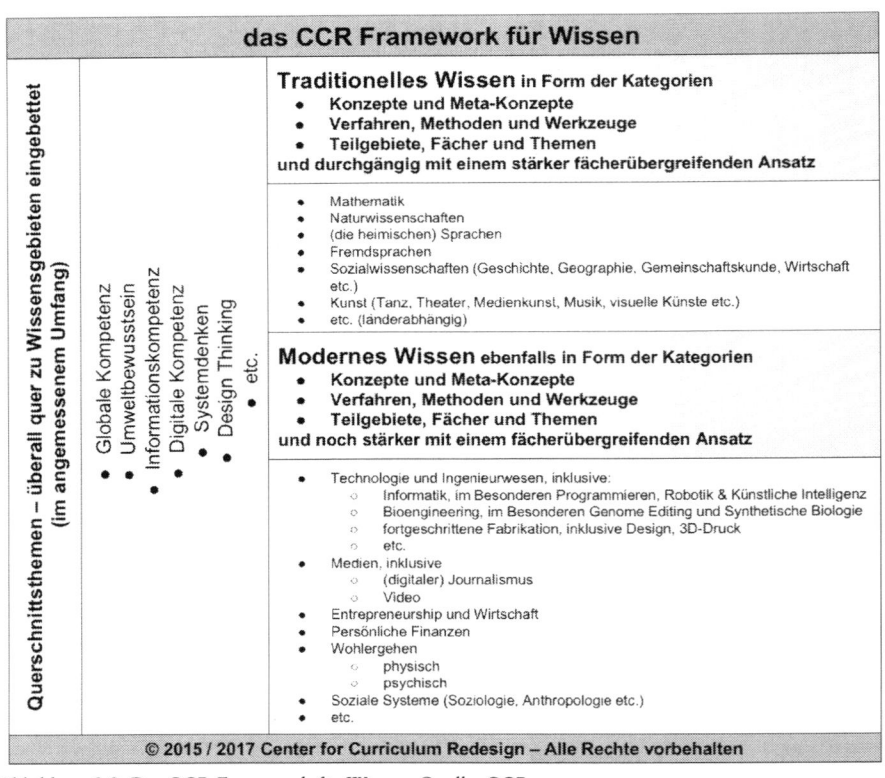

Abbildung 3.8: Das CCR Framework für Wissen, Quelle: CCR

Kapitel 4 – Die Dimension Skills

Psychologische Untersuchungen belegen, dass eine aktive Auseinandersetzung beim Lernen typischerweise zu besseren Lernergebnissen führt.[68] Fähigkeiten zum höheren Denken werden nicht alleine über Zuhören, Schreiben und das Bearbeiten von Routineübungen, sondern über Recherche, Diskussionen, die Übernahme verschiedener Sichtweisen usw. erlernt. Ein konstruktivistischer Ansatz für Lernen betont und fördert neben diesem aktiven Lernen auch die sozialen (Persönlichkeits-) Aspekte des Lernens (Wissen wird oft sozial konstruiert) und die kreativen Aspekte des Lernens (Wissen wird durch Machen im Sinne von Erschaffen oder Nach-Machen erworben).[69]

Tatsächlich kann das hoch gesteckte Ziel der Transferleistung (die Anwendung des Gelernten in einem anderen Kontext als in dem Kontext, in dem es gelernt wurde) als Vorbereitung auf zukünftiges Lernen gesehen werden.[70] Diese Perspektive definiert Lerntransfer neu als die produktive Nutzung von Fähigkeiten und Motivationen[71], um Schülerinnen und Schüler darauf vorzubereiten, in neuartigen Situationen der echten Welt zu lernen bzw. in Lernumgebungen, die reich an Ressourcen und damit viel näher an den Herausforderungen des echten Lebens sind. Forschungsergebnisse zeigen, dass der Transfer von Gelerntem auf neue Situationen erfolgreich verbessert wird, wenn Lernumgebungen die aktive Rolle von Schülerinnen und Schülern hervorheben, deren Selbststeuerung

---

[68] D. Perkins: "Constructivism and Troublesome Knowledge," in *Overcoming Barriers to Student Understanding: Threshold Concepts and Troublesome Knowledge* ed. Jan Meyer et al Ray Land, 33-47 (New York: Routlege, 2006)
[69] D. C. Phillips: "The Good, The Bad, and the Ugly: The Many Faces of Constructivism," *Educational Researcher*, (1995): 5-12.
[70] J. D. Bransford, and D. L. Schwartz: "Rethinking Transfer: A Simple Proposal With Multiple Implications," *Review of Research in Education*, (1999). 61-100.
[71] E. De Corte: "Transfer as the Productive Use of Acquired Knowledge, Skills, and Motivations," *Current Directions in Psychological Science* 12, no. 4, (2003): 142-146.

erhöhen, Fähigkeiten zur Kommunikation und Reflexion anregen und für die Lernenden sozial und bedeutsam sind (Charaktereigenschaften).[72]

Wissen und Skills gemeinsam denken

Eine schon lange andauernde Debatte im Bildungsbereich beruht auf der Annahme, dass das Unterrichten von Skills zu Lasten des Unterrichtens von inhaltlichem Wissen geht. Wir sind überzeugt, dass das eine weitere falsche Dichotomie ist. Studien zeigen: Wenn Wissen nur passiv erworben wurde, ohne dass Skills daran beteiligt sind, wird es oft nur oberflächlich erlernt. Das Wissen mag auswendig gelernt sein, ist aber nicht verstanden worden, es ist nicht leicht wiederverwendbar oder nur von kurzer Dauer.[73] Daher kann es nicht in neue Umgebungen übertragen werden. Ein tiefes Verständnis und Anwendung auf die echte Welt erfolgen nur, wenn Skills auf inhaltliches Wissen angewendet werden, so dass sich beide gegenseitig verstärken.

Hierzu hat P21 eine Reihe von *Skills Maps* (Skillskarten)[74] für Themen aus verschiedenen traditionellen Fächern entwickelt: Mathematik, Naturwissenschaften, Gesellschaftswissenschaften, Geographie, Englisch, Weltsprachen und Kunst.

Diese Skills Maps zeigen für verschiedene Jahrgangsstufen die Beziehungen zwischen Wissen und Fähigkeiten und wie beides gemeinsam und in sich gegenseitig verstärkender Weise gelernt werden kann. Abbildung 4.1 ist nur ein Beispiel der Skills Maps mit Fokus auf die Überschneidungen zwischen Wissen aus den (Natur-)Wissenschaften (*science*) und Fähigkeiten im Bereich Kreativität.

---

[72] ebd.
[73] D. Perkins: "Constructivism and Troublesome Knowledge," 33–47.
[74] P21, Skills Maps, www.p21.org/our-work/resources/for-educators#SkillsMaps

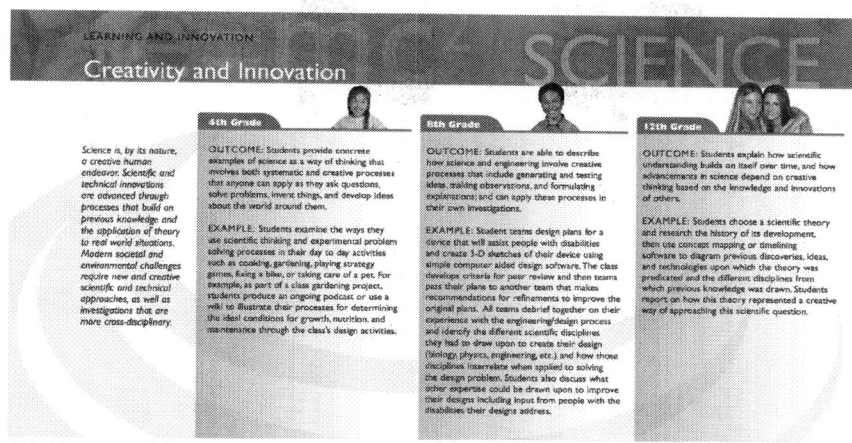

Abbildung 4.1: Skills Map, Quelle: P21,
http://www.p21.org/storage/documents/twentyfirstcskills_science.pdf

Skills und Lücken im Eduployment[75]

Als Antwort auf die allgegenwärtigen Sorgen, dass den aktuellen Absolventen (aus Schulen oder Hochschulen) wichtige Fähigkeiten für die Arbeitswelt fehlen, wurden viele Befragungen durchgeführt. Darin werden Arbeitgeber gefragt, was ihrer Meinung nach für eine Beschäftigung bei ihnen notwendig sei. Zu nennenswerten Beispielen gehören:

- „Are They Really Ready to Work?" von Conference Board und Partnership for 21st Century Skills[76]
- „Critical Skills Needs and Resources for the Changing Workforce" von Society for Human Resource Management and The Wall Street Journal[77]

---

[75] Anm. d. Übersetzers: Eduployment bezeichnet die Schnittstelle zwischen den Ergebnissen der Ausbildung und den Anforderungen eines Arbeitsplatzes, also zwischen Schule und Beschäftigung. Im Deutschen gibt es ähnliche Diskussionen unter Begriffen wie Ausbildungsfähigkeit / Ausbildungsreife bzw. Studierfähigkeit.

[76] P21, Are They Ready To Work?, www.p21.org/storage/documents/FINAL_REPORT_PDF09-29-06.pdf

[77] Society for Human Resource Management, Critical Skills Needs and Resources for the Changing Workforce, http://www.octech.edu/Content/Uploads/octech.edu/files/Critical%20Skills%20Needs%20and%20Resources%20for%20the%20Changing%20Workforce%20Survey%20Report.pdf

- *OECD Skills Outlook* von der Organisation für wirtschaftliche Zusammenarbeit und Entwicklung (OECD)[78]

P21 hat eine Synthese aus alle Antworten in diesen Befragungen und den Input einer großen Bandbreite an Expertinnen und Experten erstellt. Die Ergebnisse sind in dem Buch *21st Century Skills: Learning for Life in Our Times* beschrieben.[79] Sie basieren auf einem breiten globalen Konsens aus Arbeitswelt, Bildung sowie Regierung und Verwaltung und zeigen deutliche Übereinstimmungen bei den Fähigkeiten, die am wichtigsten für Lernen, Erwerbsarbeit und ein erfolgreiches Leben sind. (Auch wenn für unterschiedliche Systematiken unterschiedliche Begriffe und Sortierungen verwendet werden.) Tabelle 4.1 bietet einen Vergleich zwischen wichtigen Systematiken.[80]

---

[78] OECD, *OECD Skills Outlook 2013: First Results from the Survey of Adult Skills*, OECD Publishing (2013)
[79] Bernie Trilling and Charles Fadel: *21st Century Skills: Learning for Life in Our Times* (San Francisco, CA: Jossey-Bass/Wiley, 2009)
[80] Auf der Website von CCR finden sich Dokumente mit vollständigeren Abgleichen zwischen den verschiedenen Systematiken.

P21.org Skills Framework	ATC21S[81]	OECD Assessment of Adult Competencies (PIAAC)	OECD Programme for International Student Assessment (PISA)	Feedback von Bildungsministerien, -abteilungen und Schulen an P21 = „Fokus auf die 4Ks" = CCR
Lernen & Innovation	Arten und Weisen des Denkens			
Kreativität & Innovation	Kreativität und Innovation		kreatives Problemlösen	Kreativität
Kritisches Denken & Problemlösen	Kritisches Denken Problemlösen Entscheidunsfindung	Problemlösen		kritisches Denken
	Arten und Weisen des Arbeitens			
Kommunikation	Kommunikation	Lesen (Prosa und Sachtexte) Schreiben Mündliche Präsentation		Kommunikation
Zusammenarbeit	Zusammenarbeit (Teamwork)	Teamwork		Kollaboration / Kooperation (Zusammenarbeit)
Informations-, Medien- und IKT-Kompetenz	Werkzeuge für das Arbeiten			Ab hier finden sich die Punkte in anderen Dimensionen des CCR-Frameworks (Wissen, Charakter, Meta-Lernen) wieder.
Informationskompetenz	Informationskompetenz	Nutzung des Internets		
Medienkompetenz				

---

[81] Represented in Blinkley: https://link.springer.com/chapter/10.1007/978-94-007-2324-5_2#page-1

IKT-Kompetenz	IKT-Kompetenz	Nutzung des Computers		
Fähigkeiten für Leben und Beruf	Sich in der Welt zurechtfinden Leben und Beruf			
Flexibilität & Anpassungsfähigkeit				
Initiative & Selbststeuerung		Zeitplanung		
soziale und interkulturelle Fähigkeiten	Mündigkeit als Bürger (citizenship) – lokal und global kulturelles Bewusstsein und Kompetenz			

Tabelle 4.1: Vergleich von Systematiken und Feedback, Quelle: CCR

Kumuliertes Feedback [82] von politischen Entscheidungsträgern in Ministerien, Bildungsabteilungen und Schulen legen nahe, dass eine Vereinfachung notwendig ist, um Empfehlungen zum Thema Fähigkeiten praxistauglicher zu machen. Deswegen konzentriert CCR sich auf die vier Ks: Kreativität, kritisches Denken, Kommunikation und Kooperation / Kollaboration.

Die folgenden Abschnitte beleuchten die 4K-Skills einzeln für sich und beziehen die jeweilige Bedeutung und wichtige Forschung aus den Lern- und Bildungswissenschaften mit ein. Auch wenn wir hier die Skills getrennt von den Wissensbereichen vorstellen, so müssen sie für ein effektives Lernen doch auf sie angewendet werden. Alle Skills sollten *durch* und *mit* dem Lernen von Wissensinhalten erworben werden.

---

[82] persönliche Kommunikation zwischen Ken Kay, damals CEO bei P21, und Geoff Garin von Peter Hart Associates (Befrager).

Kreativität

Vorstellungskraft ist wichtiger als Wissen. Denn Wissen ist auf das begrenzt, was wir kennen und verstehen, während Vorstellungskraft die ganze Welt umfasst, mit allem, was wir jemals kennen und verstehen werden.

– Albert Einstein

Kreativität wird traditionell als unmittelbar mit künstlerischen Bestrebungen wie Kunst und Musik verknüpft. Auch wenn es historische Grundlagen zu diesen Verbindungen gibt, so ist doch die Gleichsetzung von Kreativität exklusiv mit Kunst irreführend und als „Art Bias" beschrieben worden.[83]

In jüngster Zeit hat sich gezeigt, dass Kreativität integraler Bestandteil von einem breiten Spektrum an Wissen und Fähigkeiten ist, einschließlich wissenschaftlichem Denken,[84] Entrepreneurship,[85] Design Thinking[86] und Mathematik.[87] Für eine IBM-Studie wurden 2010 mehr als 15.000 CEOs aus 60 Ländern und 33 Branchen befragt. Sie benannten Kreativität als wichtigste Eigenschaft für Leadership, um den Herausforderungen der zunehmenden Komplexität und Unsicherheit in der Welt zu begegnen.[88] Kreativität ist außerdem eine extrem erfüllende menschliche Aktivität. Mihaly Csikszentmihalyi schreibt:

---

[83] M. A Runco and R. Richards, eds.: *Eminent Creativity, Everyday Creativity, and Health.* (Greenwich, CT: Greenwood Publishing Group 1997)

[84] K. Dunbar: "How Scientists Think: On-Line Creativity and Conceptual Change in Science. Creative Thought: An Investigation of Conceptual Structures and Processes," in T.B. Ward, S.M. Smith and J. Vaid, eds., Conceptual Structures and Processes: Emergence, Discovery, and Change (Washington D.C: American Psychological Association Press, 1997)

[85] K. K Sarri, I. L. Bakouros, and E. Petridou: "Entrepreneur Training for Creativity and Innovation," Journal of European Industrial Training 34, no. 3 (2010): 270-288.

[86] K. Dorst and N.Cross: "Creativity in the Design Process: Co-Evolution of Problem–Solution," Design Studies 22, no. 5, (2001): 425-437.

[87] L. J. Sheffield: "Creativity and School Mathematics: Some Modest Observations," Zdm 45 no. 2 (2013): 325-332.

[88] IBM, Capitalizing on Complexity: Insights from the Global Chief Executive Officer Study, 2010, http://public.dhe.ibm.com/common/ssi/ecm/gb/en/gbe03297usen/GBE03297USEN.PDF

„Die meisten Dinge, die wir für interessant, wichtig und menschlich halten, sind das Ergebnis von Kreativität ... Wenn wir in (Kreativität) eingebunden sind, fühlen wir uns lebendiger als im sonstigen Leben."[89]

Einige Länder haben mit Neuformulierungen von Bildung begonnen, die sich an Kreativität (kreatives Problemlösen, Ideenfindung, Design Thinking usw.) und Innovation ausrichten. 2008 wurden die Curricula für britische Sekundarschulen modernisiert, um den Gedanken der Ideenfindung hervorzuheben. In Pilotprogrammen wird der entsprechende Fortschritt untersucht. Die Europäische Union rief für 2009 das „Europäische Jahr der Kreativität und Innovation" aus und initiierte Konferenzen und Förderprogramme für wichtige Lehrendenfortbildungen zu problemorientierten und projektbasierten Lernmethoden. China hat massive Bildungsreformen auf den Weg gebracht, um seine traditionell auf Frontalunterricht und Auswendiglernen ausgerichteten Methoden durch stärker problem- / projektbasierte Ansätze zu ersetzen. [90] Japan hat mit der Umsetzung von Bildungs- und Wirtschaftsreformen begonnen, um sein Kreativitätsproblem anzugehen.[91]

Das in der Forschungsliteratur vorherrschende Modell von Kreativität definiert kreative Individuen als solche, die über Fähigkeiten zum divergenten Denken verfügen, einschließlich Ideengenerierung, geistiger Beweglichkeit, Flexibilität und Originalität. [92] Die Zeichnungen in Abbildung 4.2 illustrieren jede dieser Qualitäten in ihrem Bezug auf

---

[89] Mihaly Csikszentmihalyi, Creativity: Flow And The Psychology Of Discovery And Invention (New York: HarperCollins, 1997)

[90] P. Bronson, Merryman: "The Creativity Crisis." *Newsweek*, 2010, www.newsweek.com/creativity-crisis-74665

[91] Amy McCreedy: "The 'Creativity Problem' and the Future of the Japanese Workforce," *Asia Program Special Report* 121 (2004): 1-3.

[92] J. P Guilford: *Intelligence, Creativity, and Their Educational Implications* (San Diego, CA: Robert R. Knapp, 1968)

beispielhafte Antworten in einem Test zur Kreativität bei Schülerinnen und Schülern.[93]

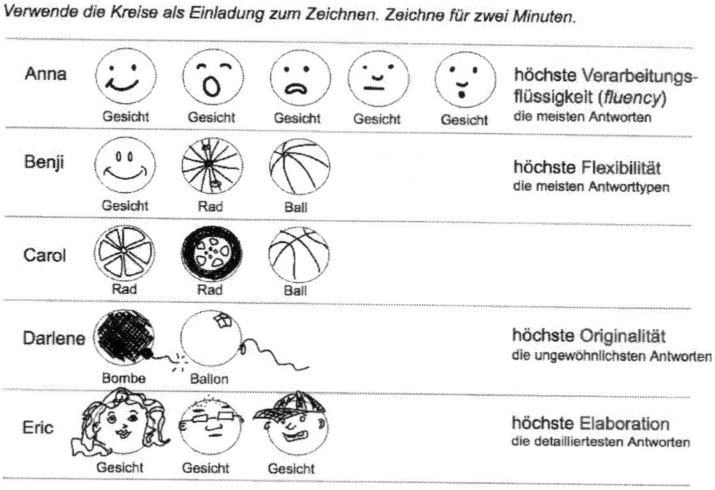

Abbildung 4.2: Qualitäten von Kreativität, Quelle: Jöran Muuß-Merholz und Hannah Birr als Adaption und Übersetzung des englischsprachigen Originals von Peter Nilsson, http://www.senseandsensation.com/2012/03/assessing-creativity.html

Dieses Kreativitätsmodell dient als Grundlage für zahlreiche Übungen und Tests in divergentem Denken, mit denen Kreativität verbessert und gemessen wird. Auch wenn es einige Kontroversen in der Fachliteratur gab, so hat doch eine große Meta-Analyse[94] herausgefunden, dass Aufgaben in divergentem Denken bei Tests kreative Leistungen besser vorhersagen als der Intelligenzquotient, auch wenn beide zu einem gewissen Maß miteinander korrelieren.

Im Großen und Ganzen kann man sagen, dass Kreativitätsförderung das Lernziel Wissenserwerb ergänzt und verstärkt. Lernen, das mit offenen

---

[93] Peter Nilsson: "Four Ways to Measure Creativity," *Sense and Sensation Writing on Education, Creativity, and Cognitive Science,* 2012, www.senseandsensation.com/2012/03/assessing-creativity.html
[94] K. H. Kim: "Meta-Analyses of the Relationship of Creative Achievement to Both IQ and Divergent Thinking Test Scores," *The Journal of Creative Behavior* 42 no. 2 (2008): 106-130.

Aufgaben, problembasiert arbeitet, wird bei Schülerinnen und Schülern mit höherer Wahrscheinlichkeit kreatives Denken anregen als klassische Übungen und Aufgaben, zu denen es nur eine richtige Antwort gibt. Es gibt Befunde, dass die Kreativität erhöht wird, wenn Denken mit Humor verbunden wird, da dadurch das Hirn zu Wegen angeregt wird, die nicht zwingend an die Realität gebunden sind.[95] Im Allgemeinen ist Spiel auf einzigartige Weise dazu geeignet, kreatives Denken zu fördern.[96]

Wenn es um das Lehren von Kreativität geht, ist es wichtig, sich daran zu erinnern, dass kreatives Denken auf verschiedenen Ebenen stattfinden kann. Abbildung 4.3 organisiert Aktivitäten nach der Kreativität: von der perfekten Nachahmung (ohne Innovation) bis hin zur schwer fassbaren Idee der vollständigen Originalität (mit einem hohen Maß an Innovation in Form und Inhalt). Tabelle 4.2 zeigt, wo es im Klassenraum Möglichkeiten für Kreativität auf all den beschriebenen Niveaus gibt.

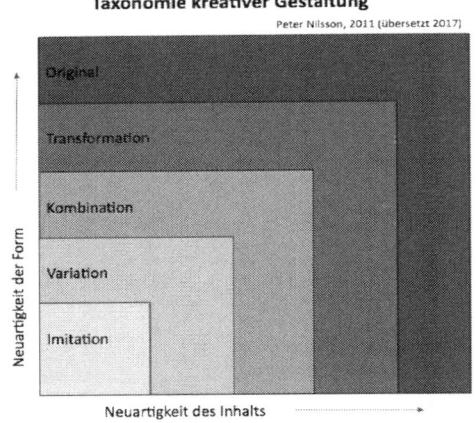

Abbildung 4.3: Kreativität im Klassenzimmer, Quelle: Peter Nilsson

---

[95] A. Ziv: "The Influence of Humorous Atmosphere on Divergent Thinking," *Contemporary Educational Psychology* 8, no. 1 (1983): 68–75.
[96] S. W. Russ: "Play, Creativity, and Adaptive Functioning: Implications for Play Interventions," *Journal of Clinical Child Psychology* 27, no. 4 (1998): 469–480.

Grad der Kreativität	Definition	Beispiel aus dem Klassenzimmer
Imitation	Kreation durch identische Nachahmung. Dabei handelt es sich um eine grundlegende Fähigkeit, die häufig den Ausgangspunkt für kreativere Aufgaben bildet.	Lerne einen Ausschnitt aus einem literarischen Werk auswendig und trage ihn laut vor der Klasse vor.
Variation	Kreation durch Veränderung eines oder mehrerer einzelner Aspekte eines Werks, während der Rest auf gleiche Weise nachgeahmt wird.	Schreibe einen Satz aus einem literarischen Werk neu, indem du dieselbe grammatikalische Struktur benutzt, aber Thema und Begriffe austauschst.
Kombination	Die Verbindung von zwei oder mehr Werken zu einem neuen Werk.	Baue eine Was-passiert-dann-Maschine aus einfachen Maschinen, die Du im Unterricht kennengelernt hast.
Transformation	Übertragung eines bestehenden Werks in ein anderes Medium oder eine andere Darstellung.	Verfasse auf Basis deiner Unterrichtsmitschriften eine Zeitleiste aus historischen Ereignissen, unterteilt in je einen politischen, sozialen und ökonomischen Strang.
Eigene originäre Schöpfung	Erschaffung eines neuen Werks, das nur sehr fern (wenn überhaupt) mit vorherigen Werken verwandt ist.	Schreibe eine Kurzgeschichte.

Tabelle 4.2: Beispiele für Kreativität im Klassenzimmer, Quelle: CCR, adaptiert von Peter Nilsson

Auch wenn offene Aufgabenstellungen eine größere Kreativität fordern, sind sie nicht notwendigerweise auch effektiver, wenn es um die Förderung von Kreativität geht. Wenn Schülerinnen und Schüler noch nicht über die notwendigen Fähigkeiten verfügen, können zu offene Aufgaben für sie überfordernd und untauglich sein. Lehrende sollten neue Lernformen mit helfenden Leitplanken versehen und an den angestrebten Lernergebnissen ausrichten. Starke Einschränkungen rund um eine Herausforderung können sogar die Notwendigkeit für noch kreativere Ansätze erhöhen.

Kreativität ist möglicherweise die wichtigste Fähigkeit, die Schülerinnen und Schüler für das 21. Jahrhundert erlernen müssen. Denn sie ist notwendig, um innovative Lösungen für die zahlreichen Herausforderungen des 21. Jahrhunderts zu entwerfen.

Kritisches Denken

Bildung muss Menschen in die Lage versetzen, Belege zu sichten und abzuwägen, um Wahres von Falschem, Echtes von Unechtem und Tatsachen von Fiktion zu trennen. Die Aufgabe von Bildung ist es also, dass man lernt, gründlich und kritisch zu denken.

— Martin Luther King

Der US-amerikanische National Council for Excellence in Critical Thinking definiert kritisches Denken als den „intellektuell gesteuerten Prozess, Informationen aktiv und kompetent gedanklich in Begriffe zu fassen, anzuwenden, zu analysieren, zu synthetisieren und / oder zu prüfen, die man durch Beobachtung, Erfahrung, Reflexion, Logik oder Kommunikation gewonnen hat, um Überzeugungen und Handlungen danach auszurichten."[97]

Auch wenn eine große Bandbreite geistiger Aktivitäten dazu gehört, zum Beispiel Problemlösen, Entscheidungsfindung, Recherche, zielgerichtetes und logisches Denken, Systemdenken und Kritik-Üben, so bezieht sich das „Kritische" in „Kritisches Denken" im Wesentlichen darauf, Behauptungen zu hinterfragen anstatt sie für bare Münze zu nehmen. Der Historiker William Graham Sumner definiert kritisches Denken als:

„die Untersuchung und Prüfung von Aussagen aller Art, die zur Übernahme angeboten werden, um herauszufinden, ob sie der Realität entsprechen oder nicht. Kritikvermögen ist das Ergebnis von Bildung und Erziehung. Es ist eine geistige Gewohnheit und Kraft. Es ist eine wesentliche Voraussetzung für das menschliche

---

[97] National Council for Excellence in Critical Thinking, "Defining Critical Thinking," www.criticalthinking.org/pages/defining-critical-thinking/766

Wohlergehen, und Männer und Frauen sollten darin ausgebildet werden. Es ist unsere einzige Versicherung gegen Selbsttäuschung, Betrug, Aberglaube und Trugschlüsse gegenüber uns selbst und unseren irdischen Verhältnissen."[98]

Kritisches Denken lässt sich in der Bildung bis zu Sokrates zurückverfolgen, der seine Schüler mittels Fragen anregte, ihre Grundannahmen zu verdeutlichen und ihre Behauptungen zu belegen, selbstverständlich erscheinende Gedanken zu überwinden und die Verzerrungen und Argumentationslücken unter der Oberfläche aufzudecken. Heute, mehr als 2400 Jahre danach, ist kritisches Denken immer noch eine wichtige Priorität in der Bildung. Solche Denkgewohnheiten, die kritisches Denken ausmachen, wurden „von denen, die College-Einstiegskurse unterrichten, durchgängig und nachdrücklich als genauso wichtig oder noch wichtiger eingeschätzt als jegliches fachliche Wissen, das in der Schule unterrichtet wurde."[99]

Und dennoch ist die Fähigkeit zum kritischen Denken – teilweise, weil sie schwierig zu überprüfen ist – zu oft nicht Teil der Lehrpläne, die mit Fakten und Verfahrensweisen überlastet sind. Stattdessen lernen Schülerinnen und Schüler häufig, wie man eine Prüfung absolviert – eine Fähigkeit, die selten jenseits des Bildungssystems gebraucht wird. Auch die Lehrbücher haben ihren Anteil daran, indem sie komplexe Probleme in leicht handhabbare Teile zerlegen, so dass Lernende sie bewältigen können, ohne tiefer gehend kritisches Denken einzusetzen.

Die bekannteste Beschreibung der Komponenten kritischen Denkens stammt aus der Taxonomie von Lernzielen im kognitiven Bereich von

---

[98] National Council for Excellence in Critical Thinking, "Defining Critical Thinking,"
www.criticalthinking.org/pages/defining-critical-thinking/766
[99] D. Conley: *Toward A More Comprehensive Conception of College Readiness* (Eugene, OR: Educational Policy Improvement Center, 2007)

Bloom. Seitdem entstanden viele Ansätze, die ähnliche Komponenten anders organisiert oder beschrieben haben. Abbildung 4.5 zeigt einen Vergleich solcher Taxonomien. Alle beschreiben Lernziele in einer progressiven Form vom Zugang zu Wissen als niedrigste Ebene (Abrufen, Erinnern etc.) zu höheren Ebenen von Verständnis und Nutzung (Analyse, Synthese, Prüfung etc.).

Taxonomie von Lernzielen			
Bloom (1956)	Anderson & Krathwohl (2001)	Marzano & Kendall (2006)	PISA (2000)
Evaluation Synthese Analyse Anwendung Verstehen Wissen	Kreieren Evaluieren Analysieren Anwenden Verstehen Erinnern	Kritisches Selbst Metakognition Wissensnutzung Analyse Verstehen Abrufen	Kommunizieren Konstruieren Evaluieren Integrieren Steuern Zugreifen

Tabelle 4.3: Taxonomie von Lernzielen, Quelle: L.M. Greenstein, Assessing Twenty-First Century Skills

Die aktuelle Lernforschung zeigt, dass all diese Ebenen in Lernaktivitäten wirksam miteinander vermischt werden können und nicht annähernd so sequentiell sind, wie Bloom sie ursprünglich gedacht hat.[100]

Kritisches Denken kann im Unterricht in vielen verschiedenen Formen auftreten: von einem Lehrplan, der sich explizit dem Erkennen und dem Einüben der notwendigen Komponenten für kritisches Denken widmet, bis zu Projekten, in denen die Interpretation von Informationen, das Analysieren der Teile und des Ganzen, Analyse und Synthese, die Prüfung von Belegen, die Übernahme verschiedener Perspektiven, das Erkennen

---

[100] L.W. Anderson and D. R. Krathwohl, eds. et al.: *A Taxonomy for Learning, Teaching, and Assessing: A Revision of Bloom's Taxonomy of Educational Objectives*, (New York: Longman, 2001)

von Mustern und das Begreifen von abstrakten Ideen eine Rolle spielen.[101] Die Förderung von kritischem Denken ist oft eng mit der Entwicklung von reflektiven und metakognitiven Kompetenzen verbunden, da beide sich gegenseitig unterstützen und stärken können. [102] Die Hauptherausforderung ist der erfolgreiche Transfer der Fähigkeiten zum kritischen Denken auf Kontexte jenseits dessen, in dem sie gelernt wurden.

Kommunikation

Selbst wenn Kommunikation nur in einigen Berufen den eigentlich Kern ausmacht (zum Beispiel Nachrichtenreporter, Therapeut, öffentliche Redner und Lehrkräfte), verlangen doch alle Berufe regelmäßig verschiedene Formen von Kommunikation (zum Beispiel verhandeln, Anweisungen geben, werben, Beziehungen aufbauen, Konflikte lösen).[103] Tatsächlich wird der explizite Unterricht von Kommunikation in verschiedenen Forschungszusammenhängen von der Vorschule bis zum Medizinstudium erforscht.[104]

Traditionelle Schulaufgaben wie Aufsätze oder Referate sind oft einseitige und daher nicht wirklich interaktive Kommunikation. Dabei ist es oft ohne Belang, ob das angesprochene Publikum (über die Lehrkraft hinaus) die Botschaft überhaupt versteht oder nicht. Dadurch werden möglicherweise die verschiedenen Komponenten kritischen Denkens verfehlt, etwa aktives Zuhören, Klarheit beim Denken und Schreiben und überzeugendes Präsentieren. Aus diesem Grund können kollaborative Aufgaben ein wichtiger Weg sein, um echte Kommunikationsfähigkeiten zu erlernen, zu

[101] L. M. Greenstein: *Assessing Twenty-First Century Skills: A Guide To Evaluating Mastery And Authentic Learning* (Thousand Oaks, CA: Corwin Press, 2012).
[102] D. Kuhn: "A Developmental Model of Critical Thinking," *Educational Researcher* 28, no. 2 (1999): 16–46.
[103] V. S. DiSalvo and J. K. Larsen: "A Contingency Approach to Communication Skill Importance: The Impact of Occupation, Direction, and Position," *Journal of Business Communication* 24, no. 3 (1987): 3–22.
[104] E. R. Morgan and R. J. Winter, "Teaching Communication Skills: An Essential Part of Residency Training," *Archives of Pediatric Adolescent Medicine* 150 (1996).

messen und wichtiges Feedback zu den eigenen Fortschritten zu bekommen (mehr dazu weiter unten im Abschnitt zu Kollaboration).

Eine andere Methode zum Aufbau authentischer Kommunikationsfähigkeiten sind Helfersysteme (*peer tutoring*), bei denen Schülerinnen und Schüler als Helfende (*tutors*) für ihre Mitschülerinnen und Mitschüler oder jüngere Schülerinnen und Schüler fungieren. Anderen etwas beizubringen ist nicht nur ein mächtiges Mittel zur Verbesserung der Kommunikationsfähigkeiten, sondern bringt auch unmittelbares Feedback, ob der Mitlernende den Inhalt verstanden hat und damit auch, ob die Kommunikation erfolgreich war. Diese Anforderung, mit einem anderen zu kommunizieren, steigert auch die Anstrengung der helfenden Schülerin oder des helfenden Schülers[105] und mit der Verantwortung verbessert sich auch das Selbstkonzept.[106]

Im heutigen digitalen Zeitalter sind Kommunikationsfähigkeiten sowohl wichtiger als auch vielfältiger geworden. Wissenschaftler haben festgestellt, dass ein Fokus auf Medienkompetenz als Ergänzung zu den traditionellen Lernzielen für Lese- und Schreibkompetenz das Potenzial hat, „(a) das Lernen zu verbessern, wenn die (Ein-)Übung der Kompetenzen einen Bezug zu den Lebenswelten und Wissensarten der Schülerinnen und Schüler haben (b) vielfältigen Lernstilen und den Bedürfnissen von Lernenden mit multikulturellem Hintergrund entgegenzukommen und (c) Kreativität, persönlichen Ausdruck, Teamwork und Qualifikationen für den Arbeitsplatz zu fördern."[107] Für den weiteren Verlauf können wir ein Verständnis von Kommunikation in einem breiten und tiefen Sinne

---

[105] C. C. Chase et al.: "Teachable Agents and the Protégé Effect: Increasing the Effort Towards Learning," *Journal of Science Education Technology* 18, no. 4 (2015): 334-352.

[106] Vany Martins Franca et al.: "Peer Tutoring Among Behaviorally Disordered Students: Academic and Social Benefits to Tutor and Tutee," *Education and Treatment of Children* (1990): 109-128.

[107] R. Hobbs and R. Frost: "Measuring the Acquisition of Media-Literacy Skills," *Reading Research Quarterly* 38, no. 3 (2015): 330-355.

beibehalten, als ein Bündel von entscheidenden Fähigkeiten, die für alle Wissensfelder und Kompetenzen gebraucht werden.

Kollaboration

In einer Welt von zunehmender Komplexität trägt die Zusammenarbeit zwischen Menschen mit verschiedenen Fähigkeiten, Hintergründen und Perspektiven einen Teil zu den besten Ansätzen bei, mit denen vielschichtige Probleme gelöst werden. [108] Wenn Zusammenarbeit gut praktiziert wird, kann sie Gruppen dazu in die Lage versetzen, bessere Entscheidungen zu treffen als es jedes einzelne Mitglied für sich könnte, da die Berücksichtigung von verschiedenen Standpunkten möglich ist. [109] Andererseits: Wenn Zusammenarbeit schlecht ausgeführt wird, unterliegt sie dem Groupthink-Phänomen und ist weniger effektiv als individuelle Arbeit. [110] Studien zu den Strukturen des Wissenschaftsbetriebs haben gezeigt, dass es zwar eine Spezialisierung gibt, aber interdisziplinäre Arbeiten oft integraler Bestandteil von wichtigen Fortschritten bei Wissen und Technologie ausmachen.[111]

Einfach gesagt geht es bei Kollaboration darum, dass sich mehrere Personen zusammentun, um auf ein gemeinsames Ziel hin zu arbeiten.[112] Verschiedene Methoden haben sich als wirksam erwiesen, wenn Fähigkeiten zur Zusammenarbeit im Unterricht gelehrt werden sollen:

1. Das Aufsetzen von Gruppenvereinbarungen und die Verantwortungsübernahme für zugewiesene Aufgaben bilden die Voraussetzungen für Arbeitsteilung und Synergieeffekte.

---

[108] C. Miller and Y. Ahmad: "Collaboration and Partnership: An Effective Response to Complexity and Fragmentation or Solution Built on Sand?" *International Journal of Sociology and Social Policy* 20, no. 5/6 (2000): 1–38.

[109] J. Surowiecki: *The Wisdom of Crowds* (New York: Anchor Books, 2005).

[110] I. L. Janis: "Groupthink," *Psychology Today* 5, no. 6 (1971): 43–46.

[111] E. Leahey and R. Reikowsky: "Research Specialization and Collaboration Patterns in Sociology," *Social Studies of Science* 38, no. 3 (2008): 425–440.

[112] Wikipedia, "Collaboration," http://en.wikipedia.org/wiki/Collaboration

2. Durch eine Einführung in richtiges Zuhören kann ein Raum geschaffen werden, in dem Ideen einfach geteilt, angenommen und angewandt werden können.

3. Eine Einführung in die Kunst, gute Fragen zu stellen – insbesondere offene und das Denken anregende Fragen – unterstützt die Verbreitung von Wissen und einen Fortschritt hin zu besseren Lösungen.

4. Das Einüben und Vorführen von Verhandlungsgeschick ist für jede hinreichend kollaborative Situation hilfreich. Dazu gehört, dass man geduldig zuhören, Flexibilität zeigen, gemeinsames Einvernehmen formulieren und auch unter Druck klar denken kann.[113]

Kooperatives Lernen kann erwiesenermaßen Lernergebnisse, Freude am Lerngegenstand, Selbstwertgefühl und die Einbeziehung von Vielfalt erhöhen. [114] Es gibt viele verschiedene pädagogische Werkzeuge, die kooperatives Lernen nutzen. Im Rahmen einer Metaanalyse zeigte sich, dass sie effektiver bei der Erreichung von akademischen Leistungen sind als individuelles oder kompetitives Lernen.[115] Schülerinnen und Schüler sind außerdem positiver gegenüber Schule, Schulfächern, Lehrenden und ihren Mitlernenden eingestellt, wenn sie kooperativ lernen. [116] Zusammenarbeit verhält sich synergetisch zu den weiteren hier diskutierten

---

[113] R. Alber: "Deeper Learning: A Collaborative Classroom is Key," Edutopia, 2012, www.edutopia.org/blog/deeper-learning-collaboration-key-rebecca-alber

[114] R. T. Johnson and D. W. Johnson: "Cooperative Learning in the Science Classroom," *Science and Children* 24 (1986): 31–32.

[115] D. W. Johnson, R. T. Johnson, and M. B. Stanne: "Cooperative Learning Methods: A Meta-Analysis," (2000), www.researchgate.net/profile/David_Johnson50/publication/220040324_Cooperative_Learning_Methods_a_Meta-analysis/links/00b4952b39d258145c000000.pdf

[116] D. W. Johnson and R. T. Johnson: "Cooperative Learning and Achievement," In S. Sharan (ed.), *Cooperative Learning* (San Juan Capistrano, CA: Kagan Cooperative Learning, 1990).

Fähigkeiten, indem es als authentisches Ziel von Kommunikation (vgl. oben) dienen und kritisches Denken[117] und Kreativität[118] fördern kann.

Angewandtes Lernen

Fähigkeiten repräsentieren, wie wir das nutzen, was wir wissen. Die oben umrissenen 4K-Fähigkeiten sind bei Arbeitgebern stark nachgefragt, für Schülerinnen und Schüler ein Schlüssel zum tiefen Verstehen von Wissen und unentbehrlich, um den Transfer von Gelerntem in neue Umgebungen zu erleichtern. Diese Fähigkeiten sind untrennbar mit inhaltlichem Wissen verbunden, da es wenig überzeugend ist, Fähigkeiten unabhängig von einer inhaltlichen Wissensbasis zu unterrichten – beispielsweise ist es unmöglich, kritisch über nichts nachzudenken.

Das CCR unterstützt uneingeschränkt die Ansicht, dass Wissen *und* Fähigkeiten gemeinsam in einer sich gegenseitig verstärkenden Positiv-Spirale entwickelt werden. So kann das Wissen, mit dem wir uns in der Schule auseinandersetzen, die Quelle von Kreativität, das Thema von kritischem Denken und Kommunikation sowie der Antrieb von Zusammenarbeit werden. Auf diese Weise können wir uns besser mit den globalen Herausforderungen der Gegenwart, den neuen Anforderungen des zukünftigen Arbeitsmarktes und den zeitlosen Herausforderungen individueller und gesellschaftlicher Erfüllung in einer sich rasch verändernden Welt auseinandersetzen.

---

[117] A. A. Gokhale: "Collaborative Learning Enhances Critical Thinking," *Journal of Technology Education* 7, no. 1 (1995): 22–25.
[118] B. Uzzi: "Collaboration and Creativity: The Small World Problem," *American Journal of Sociology* 111, no. 2 (2005): 447–504.

Kapitel 5 – Die Dimension Charakter

Wir haben Eigenschaften entwickelt, die zur Auslöschung der Menschheit führen werden – also müssen wir lernen, wie wir sie überwinden.
– Christian de Duve, Biochemiker und Nobelpreisträger

Warum Charaktereigenschaften entwickeln?

Schon seit der Antike hat Bildung das Ziel, zuversichtliche und mitfühlende Schülerinnen und Schüler heranzuziehen, die erfolgreiche Lernende werden, ihren Beitrag zur Gemeinschaft leisten und der Gesellschaft als ethisch handelnde Bürgerinnen und Bürger dienen. In der Charakterbildung geht es um Erwerb und Stärkung von Tugenden (Qualitäten), Werten (Überzeugungen und Ideale) und die Fähigkeit, kluge Entscheidungen für ein erfülltes Leben und eine florierende Gesellschaft zu treffen.

Die Herausforderungen des 21. Jahrhunderts fordern gezielte Anstrengungen für eine Erziehung, die die persönliche Entwicklung und die Fähigkeit fördert, als globale Bürgerinnen und Bürger soziale und gesellschaftliche Verantwortungen zu erfüllen. Das Millennium Project verfolgt weltweit 30 Kennzahlen zum Status der Welt[119] und identifiziert so, „wo wir gewinnen, verlieren und unklar / wenig verändern.“

Die höchst besorgniserregenden Bereiche, in denen die Menschheit verliert - Umweltprobleme, Korruption, Terrorismus,

---

[119] J. C. Glenn, T. J. Gordon, and E. Florescu: "State of the Future," World Federation of United Nations Associations, (2007), http://futurestudies.az/pdf/SOF_2008_Eng.pdf

Einkommensungleichheit – haben erhebliche ethische und charakterliche Implikationen (vgl. Abbildung 5.1)

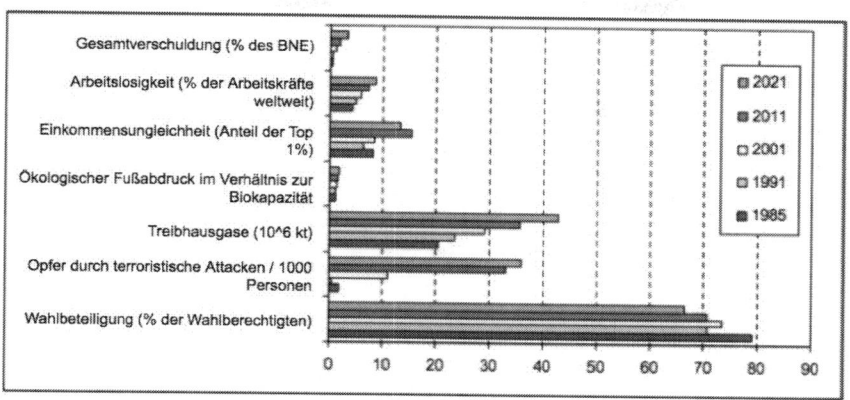

Abbildung 5.1: Analyse des Millennium Projects zu den Bereichen, in denen wir verlieren, Quelle: The Millennium Project

Gleichzeitig sind Fortschritte in Wissenschaft und Technik ein zweischneidiges Schwert. Auch wenn sie mehr Möglichkeiten für globale Zusammenarbeit und Fortschritt bieten, schaffen sie auch neue ethische Herausforderungen, zum Beispiel bei der Nutzung der Kernenergie, Pestiziden, Gentechnik und allgemeiner als paradigmatische Ausrichtung moderner Werte auf materiellen Fortschritt.[120]

Auch Arbeitgeber rund um die Welt sind von der Bedeutung von Charakterbildung tief überzeugt. In einer weltweiten Befragung[121] durch den Business and Industry Advisory Council (BIAC) für die OECD wurden Vertreter von Arbeitgeberorganisationen aus so unterschiedlichen Ländern wie Österreich, Australien, Brasilien, Dänemark, Frankreich,

---

[120] R. Eckersley, „Postmodern Science: The Decline or Liberation of Science?" Science Communication in Theory and Practice eds. Susan M. Stocklmayer, Michael M. Gore, Chris Bryant, Boston: Kluwer Academic Publishers (2001): 83–94.
[121] Business and Industry Advisory Council, http://biac.org/wp-content/uploads/2015/06/15-06-Synthesis-BIAC-Character-Survey1.pdf

Ungarn, Irland, Italien, Korea, Lettland, Mexiko, Neuseeland, Schweden, Slowenien, Großbritannien und den Vereinigten Staaten befragt. 80 Prozent erklärten, dass das Thema Charakterbildung an Bedeutung zunehme, und 100 Prozent antworteten, dass ihr Bildungssystem mehr tun sollte, um Charakterbildung zu fördern.

Damit Schülerinnen und Schüler, unsere zukünftigen Bürgerinnen und Bürger, besser in der Lage sein werden, fundierte und kluge Entscheidungen als umfassende Antworten auf die großen Herausforderungen unserer Zeit treffen, kommt es auf einen starken Sinn für persönliche und ethische Verantwortung an.

Ziele von Charakterbildung

Es gibt drei häufig zitierte, allgemeine Zielsetzungen von Charakterbildung. Sie kann ...

- eine Grundlage für lebenslanges Lernen bilden.
- erfolgreiche Beziehungen im Privatleben, in der Gemeinschaft und am Arbeitsplatz unterstützen.
- die persönlichen Werte und Tugenden für eine nachhaltige Teilhabe in einer globalisierten Welt entwickeln.

Unsere menschliche Unabhängigkeit ist gleichzeitig unsere Stärke und unsere Schwäche. In den Worten des Nobelpreisgewinners Christian de Duve: „Wir haben Eigenschaften entwickelt, die zur Auslöschung der Menschheit führen werden - also müssen wir lernen, wie wir sie überwinden."[122] Tatsächlich basiert unser kollektives Wohlergehen auf unserem individuellen Bewusstsein. Die UNESCO hat hervorgehoben: „Es

---

[122] C. De Duve and N. Patterson: *Genetics Of Original Sin: The Impact Of Natural Selection On The Future Of Humanity* (New Haven, CT: Yale University Press, 2010).

gibt jeden Grund, die ethische und kulturelle Dimension von Bildung neu hervorzuheben (...) dieser Prozess muss mit Selbst-Verständnis durch (...) Wissen, Meditation und die Praxis zur Selbstkritik beginnen."[123]

Charakterentwicklung wird als Bildungsziel heute häufig mit Religionsunterricht verwechselt, da beide eine Reihe ähnlicher Ziele haben. Es ist wichtig zu beachten, dass eine religiöse Perspektive nicht notwendig ist, um Charakterbildung zu betreiben. Auch wenn Religionsunterricht die Charakterbildung unterstützen mag, so kann er auch für Komplexität und Kontroversität sorgen, wenn es um Charakterbildung in der gegenwärtigen, zunehmend pluralistischen, säkularen und globalen Welt geht. In einigen Ländern sind formale öffentliche Bildung und Religion komplett voneinander getrennt, in anderen Ländern eng miteinander verknüpft, mit einem breiten Spektrum von Varianten, die dazwischen liegen.

Man könnte argumentieren, dass die Angelegenheit der charakterlichen Erziehung religiösen Führern und Familien überlassen werden sollte. Allerdings muss man erkennen, dass Schulen es gar nicht vermeiden können, dass soziale und moralische Werte Teil der kindlichen Entwicklung im Bildungskontext sind. Die Werte, die wir in dieser Dimension der Bildungsziele hervorheben, sind für alle Menschen in der modernen Welt bedeutsam. Während das Familienleben und die Schulaktivitäten oft für diesen Aspekt der Bildung verantwortlich waren, glauben wir, dass es wichtig ist, alle Schülerinnen und Schüler auf die Herausforderungen vorzubereiten, mit denen sie im einundzwanzigsten Jahrhundert konfrontiert werden. Dem Thema Charakterbildung sollte daher ein prominenter Platz in offiziellen Lehrplänen eingeräumt werden.

---

[123] UNESCO, *Learning: The Treasure Within*, 1996, Report from the International Commission on Education in the Twenty-First Century.

Forschungsergebnisse zeigen, dass das Vermögen von Schülerinnen und Schülern, jenseits von akademisch gelerntem Wissen und Fähigkeiten, ein wichtiger Prädiktor für Erfolg ist[124] und über Erfolg in der Arbeitswelt und im gesellschaftlichen Leben entscheiden kann. Während bestimmte Kenntnisse und Fähigkeiten in zukünftigen Jobs eingesetzt werden oder auch nicht, werden Charakterqualitäten unweigerlich für eine breite Palette von Berufen und für das alltägliche Familien- und Gemeinschaftsleben nützlich sein.

Die sechs Charaktereigenschaften

Es gibt jeden Grund, die ethische und kulturelle Dimension von Bildung neu hervorzuheben (...) dieser Prozess muss mit Selbst-Verständnis durch (...) Wissen, Meditation und die Praxis zur Selbstkritik beginnen. – Report UNESCO[125]

Zu Beginn eine schnelle Definition: Charakter umfasst alle der folgenden Begriffe: Handlungsfähigkeit (*agency*), Einstellungen, Verhaltensweisen, Dispositionen, Denkweisen (*mindsets*), Persönlichkeit, Temperament, Werte, Überzeugungen, soziale und emotionale Fähigkeiten, nicht-kognitive Fähigkeiten und Soft Skills.[126] Der Begriff *Charakter* ist, obwohl manchmal mit nicht-pädagogischen Konnotationen aufgeladen, ein prägnanter und integrativer Begriff, der in allen Kulturen erkannt wird.

Charaktereigenschaften – wie wir uns in der Welt verhalten und handeln – unterscheiden sich von Fähigkeiten – unserem Vermögen, effektiv das zu nutzen, was wir wissen. Die 4K-Fähigkeiten für das 21. Jahrhundert

---

[124] für einen Review vgl. Camille A. Farrington et al., *Teaching Adolescents to Become Learners: The Role of Noncognitive Factors in Shaping School Performance–A Critical Literature Review*. Consortium on Chicago School Research. 1313 East 60th Street, Chicago, IL 60637, 2012.

[125] für weitere Informationen vgl. http://www.unesco.org/education/pdf/15_62.pdf

[126] Man beachte, dass wir die falsche Verwendung der Begriffe nicht-kognitiven Fähigkeiten oder Soft Skills nicht unterstützen.

(Kreativität, kritisches Denken, Kommunikation und Kooperation)[127] bilden die Voraussetzung für den Erwerb und die Anwendung von Wissen sowie für Leistungen in der Arbeitswelt und im gesellschaftlichen Leben.[128] Aber Wissen und Fähigkeiten alleine reichen nicht aus, um Schülerinnen und Schüler auf ihre zukünftigen Herausforderungen vorzubereiten. Möglicherweise sind Charaktereigenschaften viel bessere Prädiktoren für den weiteren Lernerfolg, für produktive Arbeit und Karriere und für die aktive Übernahme gesellschaftlicher Verantwortung.[129]

Warum Charaktereigenschaften? Der Begriff „Charakterzug" (oder „Charaktermerkmal") weckt die Assoziation, dass der Charakter fest und unveränderlich sei. Wir wissen aber aus den Erkenntnissen der Neuropsychologie, dass unsere Gehirne durch Lernen hochgradig form- oder veränderbar sind. Und die Forschung hat gezeigt, dass viele Aspekte von Charaktereigenschaften erlernt und auf verschiedene Stufen entwickelt werden können.[130] Aus diesem Grund sind sie integraler Bestandteil des Frameworks von Bildungszielen. Denn sie können und sollten durch praktisches Einüben erworben und verfeinert werden. Anders als ähnliche Frameworks wie dem „Big 5"-Modell[131] denken wir, dass diese Charaktereigenschaften sich im Laufe des Lebens durch Erfahrungen und Anwendung verändern. Für uns sind die kognitiven Mechanismen von Interesse, weniger die interkulturellen Auffassungen von Begriffen, mit denen Persönlichkeit beschrieben wird.

---

[127] Bernie Trilling and Charles Fadel: *21st Century Skills* (San Francisco, CA: Wiley and Sons, 2009).
[128] The Conference Board „Are They Really Ready to Work?" AMA *Critical Skills Survey*, PIAAC program (OECD).
[129] Arthur E. Poropat: „Other-Rated Personality and Academic Performance: Evidence and Implications", *Learning and Individual Differences,*34 (August 2014): 24–32. See also: Paul Tough, *How Children Succeed: Grit, Curiosity, and the Hidden Power of Character* (New York: Mariner Books, 2013).
[130] T. Lickona, *Character Matters: How to Help Our Children Develop Good Judgment, Integrity, and Other Essential Virtues* (New York: Simon and Schuster, 2004).
[131] Wikipedia, https://en.wikipedia.org/wiki/Big_Five_personality_traits

Da ein umfassendes und klares Framework, das alle Kriterien für umsetzbare Bildungsziele in der Dimension Charakter erfüllt, nicht gefunden wurde, hat das CCR aus vielen Frameworks aus aller Welt eine Kombination synthetisiert und verfeinert. Dazu gehören:

- Center for the Advancement of Ethics and Character (CAEC)
- Character Counts! Coalition
- CharacterEd.Net
- Character Education Partnership
- China Ministry of Education
- Facing History and Ourselves
- KIPP Schools
- Partnership for 21st Century Learning (P21)
- Royal Society for the Arts
- Singapore Ministry of Education
- South Korea Ministry of Education
- Success DNA
- Sweden Ministry of Education
- Thailand Ministry of Education
- Young Foundation

Das Charakter-Framework des CCR beinhaltet auch die Bildungsphilosophie von Vordenkern wie Howard Gardner,[132] Robert Sternberg[133] und Edgar Morin.[134] Ihre Kernelemente von Charakter sind in Tabelle 5.1 zusammengefasst.

---

[132] Howard Gardner, *Five Minds for the Future*, (Cambridge, MA: Harvard Business Review Press, 2009).
[133] R. J. Sternberg: *Wisdom, Intelligence, and Creativity Synthesized* (New York: Cambridge University Press, 2003).
[134] E. Morin: „Seven Complex Lessons in Education for the Future," UNESCO (1999).

Gardner	Sternberg	Morin
• Diszipliniert • Synthetisierend • Produktiv • Respektvoll • Ethisch	• Praktisch • Analytisch • Kreativ • Klug	• sachdienliches Wissen • Unsicherheiten begegnen • Fehler aufdecken • gegenseitiges Verstehen • die menschliche Natur lehren • Ethik für die Menschheit

Tabelle 5.1: Zentrale Elemente von Charakter, Quelle: CCR

Die Elemente für die Dimension Charakter wurden dann schrittweise verfeinert, wofür Ende 2014 Input von mehr als 500 Lehrkräften aus aller Welt eingeholt wurde.

Tabelle 5.2 zeigt die Ergebnisse der CCR-Untersuchungen: die sechs wesentlichen Eigenschaften zusammen mit einer Vielzahl von jeweils damit verbundenen Begriffen.[135] Es ist wichtig, zu beachten, dass die Liste der verbundenen Begriffe nicht auf Vollständigkeit abzielt, da in der Literatur dieselben Begriffe oft für verschiedene Eigenschaften (und verschiedene Begriffe für dieselben Eigenschaften) benutzt werden – was es zu einem fruchtbaren Feld für endlose akademische Debatten macht.

---

[135] Während der Arbeit zeigte sich, dass die Unterscheidung moralisches Verhalten versus moralische Performanz schwierig, teilweise nicht vorhanden ist. Die Unterscheidung zwischen interpersonal und intrapersonal ist aus den gleichen Gründen unnötig.

Wesentliche Eigenschaften	damit verbundene Eigenschaften und Konzepte (ohne Anspruch auf Vollständigkeit)
Achtsamkeit (Mindfulness)	Selbstbewusstsein, Selbstverwirklichung, Beobachtung, Reflexion, Bewusstsein, Mitgefühl, Dankbarkeit, Einfühlungsvermögen, Wachstum, Weitsicht, Einsicht, Gelassenheit, Glück, Präsenz, Authentizität, Zuhören, Teilen, Verbundenheit, Interdependenz, Einssein, Akzeptanz, Schönheit, Sensibilität, Geduld, Ruhe, Gleichgewicht, Spiritualität, Seinsverbundenheit, soziales Bewusstsein, interkulturelles Bewusstsein usw.
Neugier (Curiosity)	Aufgeschlossenheit, Forschergeist, Leidenschaft, Selbststeuerung, Motivation, Initiative, Innovation, Begeisterung, Staunen, Spontaneität usw.
Mut (Courage)	Tapferkeit, Entschlossenheit, Stärke, Zuversicht, Risikobereitschaft, Ausdauer, Robustheit, Schwung, Optimismus, Inspiration, Energie, Kraft, Elan, Eifer, Heiterkeit, Humor usw.
Resilienz (Resilience)	Beharrlichkeit / Ausdauer (*perseverance*), Durchhaltevermögen (*grit*), Hartnäckigkeit, Einfallsreichtum, Mumm, Selbstdisziplin, Anstrengung, Sorgfalt, Engagement (*commitment*), Selbstbeherrschung, Selbstwertgefühl, Vertrauen, Stabilität, Anpassungsfähigkeit, Umgang mit Mehrdeutigkeit, Flexibilität, Feedback usw.
Ethik (Ethics)	Wohlwollen, Menschlichkeit, Integrität, Respekt, Gerechtigkeit, Gleichheit, Fairness, Mitgefühl, Freundlichkeit, Altruismus, Inklusion, Toleranz, Akzeptanz, Loyalität, Ehrlichkeit, Wahrhaftigkeit, Authentizität, Echtheit, Vertrauenswürdigkeit, Anstand, Rücksichtnahme, Vergebung, Tugend, Liebe, Fürsorge, Hilfsbereitschaft, Großzügigkeit, Nächstenliebe, Hingabe, Zugehörigkeit usw.
Führung (Leadership)	Verantwortung, Verzicht, Verpflichtung, Zuverlässigkeit, Verlässlichkeit, Pflichtbewusstsein, Uneigennützigkeit, Demut, Bescheidenheit, Selbstreflektiertheit, Inspiration, Organisation, Delegation, Mentorenschaft, Hingabe, Heldentum, Charisma, Folgebereitschaft,, Engagement, Führung durch Vorbild, Zielorientierung, Konzentration, Ergebnisorientierung, Präzision, Ausführung, Effizienz, Verhandlung, Konsistenz, Geselligkeit, Vielfalt (*diversity*), Anstand usw.

Tabelle 5.2: Wesentliche Charaktereigenschaften, Quelle: CCR

In den folgenden Abschnitten beschreiben wir die relevante Forschungsliteratur zu den sechs Charaktereigenschaften. Im Kapitel 7 „Kurze Überlegungen zum *WIE*" folgen kurze Ausführungen, wie diese Charaktereigenschaften unterrichtet werden können.

Achtsamkeit (*Mindfulness*)

Selbstbewusstsein, Selbstverwirklichung, Beobachtung, Reflexion, Bewusstsein, Mitgefühl, Dankbarkeit, Einfühlungsvermögen, Wachstum, Weitsicht, Einsicht, Gelassenheit, Glück, Präsenz, Authentizität, Zuhören, Teilen, Verbundenheit, Interdependenz, Einssein, Akzeptanz, Schönheit, Sensibilität, Geduld, Ruhe, Gleichgewicht, Spiritualität, Seinsverbundenheit, soziales Bewusstsein, interkulturelles Bewusstsein usw.

Wenn wir jedem Achtjährigen der Welt Meditation beibringen, werden wir innerhalb einer Generation Gewalt aus der Welt beseitigen.

– Dalai Lama

Die Praxis der Achtsamkeit (*mindfulness*) stammt aus der östlichen spirituellen Philosophie. Es wurde zuerst 1784 von britischen Gelehrten aus dem Sanskrit ins Englische übersetzt und hatte einen starken Einfluss auf ein breites Spektrum westlicher Denker. Nach dem 2. Weltkrieg erlebte in Amerika insbesondere der Zen Buddhismus einen Interessens- und Praxis-Boom sowohl im intellektuellen Bereich wie auch in der allgemeinen Öffentlichkeit.[136] In Ergänzung zu ihrer spirituellen Bedeutung wurde Achtsamkeit auch erfolgreich für klinische Zwecke eingesetzt (Behandlung von Stress, chronischem Schmerz, Angst, Depression, Borderline-Persönlichkeitsstörung, Essstörungen und Sucht). Zunehmend wird Achtsamkeit auch von Pädagoginnen und Pädagogen als eine Praxis übernommen, die Lernenden hilft, Stress abzubauen, konzentrierte Aufmerksamkeit zu erhöhen und die Qualität der Lernalltags zu verbessern.[137]

---

[136] D. McCown, D. Reibel, and Marc S. Micozzi: *Teaching Mindfulness: A Practical Guide for Clinicians and Educators* (New York: Springer, 2010).
[137] K.E. Hooker and I. E. Fodor: „Teaching Mindfulness to Children," *Gestalt Review* 12, no. 1 (2008): 75-91.

„Achtsamkeit (*mindfulness*) kann definiert werden als „die Bewusstheit, die sich durch gerichtete, nicht wertende Aufmerksamkeit im gegenwärtigen Augenblick einstellt."[138]

Obwohl es üblich ist, Achtsamkeit durch Meditationstechniken zu beschreiben, sollte man beides nicht miteinander gleichsetzen. Denn Achtsamkeit kann durch jede tägliche Erfahrung praktiziert werden, beispielsweise Essen, Gehen, Fahren usw.

Von Ellen Langer stammt die bekannte Argumentation, dass die traditionelle Sicht auf Lernen als bittere Medizin – Lernen als Ergebnis von ständig wiederholten Übungen, unentwegtem Studium und langen Runden unerschütterlicher Konzentration – für eine vollkommen statische, vorhersagbare Umgebung gemacht ist. Und dass für die sich ständig verändernde Umwelt, in der wir heute leben, eine Ausbildung in Achtsamkeit bei weitem relevanter und wirksamer ist.[139] Die Forschung legt nahe, dass durch Achtsamkeitstraining Aufmerksamkeit und Konzentration, Gedächtnisleistung, Selbstannahme, Selbstmanagement und Selbst-Verständnis verbessert werden können.[140] Allerdings sind die Größen dieser Effekte umstritten. Achtsamkeit wurde auch mit „höheren positiven emotionalen Affekten, Vitalität, Lebenszufriedenheit, Selbstachtung, Optimismus und Selbsterfüllung" sowie mit „größerer Autonomie, Kompetenz und Verbundenheit"[141] in Verbindung gebracht. Es gibt auch Vorschläge, Achtsamkeit zu sehen als einen Mechanismus zur

---

[138] J. Kabat-Zinn: *Full Catastrophe Living: Using the Wisdom of Your Body and Mind to Face Stress, Pain, and Illness* (New York: Delacorte, 1990). [Übersetzung aus aktueller deutscher Ausgabe] Kabat-Zinn, Jon: Gesund durch Meditation: Das große Buch der Selbstheilung mit MBSR. Knaur: München 2013. ISBN 978-3426875681

[139] E. J. Langer: "A Mindful Education," *Educational Psychologist* 28, no. 1 (1993): 43–50.

[140] I.E. Fodor, and K. E. Hooker: "Teaching Mindfulness to Children," *Gestalt Review* 12, no. 1 (2008): 75–91.

[141] K. W. Brown and R. M. Ryan: "The Benefits Of Being Present: Mindfulness And Its Role In Psychological Well-Being," *Journal of Personality and Social Psychology* 84, no. 4 (2003); 822–848.

Reaktion auf Unterdrückung[142] und als einen Weg zur Bekämpfung globaler Krisen sowie der Unfähigkeit, Antworten auf diese überwältigenden Probleme zu geben, da einfache Wege fehlen, Wissen in persönliches und kollektives Handeln zu übersetzen.[143] Selbst kurze Trainings in Achtsamkeitsmeditation konnten zeigen, dass sie Ermüdung und Angst verringern und die visuell-räumliche Verarbeitung, das Arbeitsgedächtnis und ausführende Funktionen verbessern können.[144]

Neugier (*Curiosity*)

> Aufgeschlossenheit, Forschergeist, Leidenschaft, Selbststeuerung, Motivation, Initiative, Innovation, Begeisterung, Staunen, Spontaneität usw.

Ich habe keine besondere Begabung, sondern bin nur leidenschaftlich neugierig.

– Albert Einstein

Frühe Überlegungen zu Neugier als Charaktereigenschaft gehen zurück bis Cicero, der sie als „eine angeborene Liebe zu Lernen und Wissen, ohne die Verlockung von Gewinn"[145] beschrieb, und Aristoteles, der in ihr das intrinsische Bedürfnis nach Information[146] sah. In der modernen Psychologie gibt es verschiedene Forschungsansätze zur Untersuchung von Neugier, unter anderem zu ihrer Quelle, situationsbezogenen

---

[142] D. Orr: "The Uses Of Mindfulness In Anti-Oppressive Pedagogies: Philosophy And Praxis," *Canadian Journal of Education* 27, no. 4 (2014): 477-497.

[143] H. Bai: ("Beyond Educated Mind: Towards a Pedagogy of Mindfulness," in *Unfolding Bodymind: Exploring Possibilities Through Education*, eds. B. Hockings, J. Haskell, and W. Linds (Brandon, VT: The Foundation for Educational Renewal, 2001), 86-99.

[144] F. Zeidan et al.: "Mindfulness Meditation Improves Cognition: Evidence Of Brief Mental Training," *Consciousness and Cognition*. (2010)

[145] Cicero: *De Finibus Bonorum et Malorum*, H. Rackham, trans. (Cambridge, MA: Harvard Press, 1914). *Übersetzung durch Google Translate (im Englischen: „an innate love of learning and of knowledge, without the lure of any profit.")*

[146] Aristotle: *Metaphysics* (Cambridge, MA: Harvard University Press, 1933).

bestimmenden Faktoren, wichtigen Wechselbeziehungen und ihrem Verhältnis zur Motivation.

Die Forschung deutet darauf hin, dass es sich bei Neugier sowohl um eine Persönlichkeitseigenschaft (ein allgemeines Vermögen) als auch um einen Zustand (durch Kontext hervorrufbar und durch Erfahrung formbar) handelt. Sie wird sowohl internal (homöostatisch) angetrieben als auch als Reaktion auf externe Anlässe (durch Reize hervorgerufen).[147] Neugier kann als Trieb (Motiv) gedacht werden (vergleichbar mit Durst und Hunger), ausgelöst durch das Bedürfnis des Menschen, das unangenehme Gefühl von Unsicherheit zu minimieren. Verhaltensstudien von Organismen, von Kakerlaken über Affen bis hin zu Menschen, haben herausgefunden: Wenn sie von sensorischem Input abgeschnitten werden, suchen sie aktiv nach Informationen. Und dieser Wissensdurst kann mit Informationen befriedigt werden, ebenso wie physiologischer Durst mit Wasser befriedigt werden kann.

Neugier wurde auch als Reaktion auf verletzte Erwartungen (oder einen perzeptuellen oder konzeptionellen Konflikt) beschrieben.[148] Sie folgt dann einer umgedrehten U-Kurve, bei der die Neugier das höchste Ausmaß annimmt, wenn wir genug wissen, um interessiert zu sein, überrascht sind von dem, was wir erleben, aber uns noch unsicher sind, wie wir uns die Situation am besten erklären können.[149] Das optimale Erregungsmodell für Neugier wurde von drei verschiedenen Forschern in unterschiedlichen Gebieten getrennt ermittelt: Hebb (in den Neurowissenschaften), Piaget (in der Entwicklungspsychologie) und Hunt (in der Motivationsforschung). Neugier wurde auch in einem übergeordneten Motivationsmodell verortet,

---

[147] G. Loewenstein: "The Psychology of Curiosity: A Review and Reinterpretation," *Psychological Bulletin* 11, no. 1 (1994): 75-98.
[148] D. E. Berlyne: *Conflict, Arousal and Curiosity* (New York: McGraw-Hill, 1960).
[149] G. Loewenstein: "The Psychology of Curiosity: A Review and Reinterpretation," 75-98.

mit Fokus auf die Funktion als Trieb (Motiv) zur Auflösung von Unsicherheit.[150]

Dieses Modell ist sowohl intuitiv als auch von Forschung getragen: Wir versuchen von Natur aus, die Welt um uns herum zu verstehen, und dies manifestiert sich als Neugier. Sie ist sehr spezifisch für das Zusammenspiel zwischen dem Vermögen einer Person und der Schwierigkeit der vorliegenden Aufgabe. [151] Dies bezieht sich auf wohlbekannte psychologische Konzepte wie kognitive Dissonanz, Ungewissheitsaversion und Prinzipien der Gestaltpsychologie.

Die Information-Gap-Theorie [152] baut auf diesen Befunden, Modellen, Verbindungen und Beobachtungen auf. Sie sieht Neugier als Empfinden, das entsteht, wenn die Aufmerksamkeit auf eine Lücke zwischen dem, was man weiß und dem, was man wissen möchte, gerichtet wird. Die Interessen-Deprivationstheorie (*interest/deprivation theory*) verbindet die Grundidee des Modells Neugier mit neurowissenschaftlichen Überlegungen zu Verlangen und Belohnung (Verstärkung). Sie behauptet, dass sowohl das Herbeiführen einer positiven Empfindung – das Interesse – als auch das Abwenden einer negativen Empfindung – die Unsicherheit – an der Neugier beteiligt sind.

In einer neueren Studie[153] wurde die Neugier von Teilnehmern per fMRT (Funktionelle Magnetresonanztomographie) untersucht. Dabei konnte nachgewiesen werden: Je größer die Neugier war, desto mehr Ressourcen (Zeit oder Wertmarken) waren die Teilnehmer zu investieren bereit, um die Antwort zu erhalten, und desto wahrscheinlicher war es, dass sie sich später

---

[150] J. Kagan: "Motives and Development," *Journal Of Personality And Social Psychology* 22, no. 1 (1972): 51
[151] N. Miyake and D. A. Norman: "To Ask A Question, One Must Know Enough To Know What Is Not Known," *Journal of Verbal Learning and Verbal Behavior* 18, no. 3 (1979): 357-364.
[152] G. Loewenstein: "The Psychology of Curiosity," 75-98.
[153] K.M. Jeong et al.: "The Wick in the Candle of Learning Epistemic Curiosity Activates Reward Circuitry and Enhances Memory." *Psychological Science* 20, no. 8 (2009): 963-973.

an diese Information erinnerten. Letzterer Befund steht im Einklang mit einer Vielzahl weiterer Nachweise. Außerdem korreliert größere Neugier mit einer stärkeren Aktivierung von Hirnrealen, die im Zusammenhang mit erwarteter Belohnung, mit der Vorhersage von Fehlern und mit Erinnerungsvermögen stehen.

Mut (*Courage*)

Tapferkeit, Entschlossenheit, Stärke, Zuversicht, Risikobereitschaft, Ausdauer, Robustheit, Schwung, Optimismus, Inspiration, Energie, Kraft, Elan, Eifer, Heiterkeit, Humor usw.

> *Nichts in der Welt lohnt es sich zu haben oder zu tun, was nicht mit Anstrengung, Schmerz, Schwierigkeiten verbunden ist ... Ich habe nie in meinem Leben einen Menschen beneidet, der ein leichtes Leben geführt hat. Ich habe viele Leute beneidet, die ein schwieriges Leben geführt und es gut geführt haben.*
> — *Theodore Roosevelt*

Mut kann gedacht werden als die Fähigkeit, auch bei Angst oder Unsicherheit, in riskanten Situationen oder wenn wir uns verletzlich fühlen, zu handeln.[154] Auch wenn man Mut übertreiben kann, bis hin zu potentiell verheerenden Folgen, so ändert das nichts daran, dass Mut im gesunden Maß hilfreich für das berufliche, soziale und persönliche Leben sein kann.

Ein gerne zitiertes Beispiel aus dem beruflichen Bereich ist Entrepreneurship. Während Entrepreneure sich in der Selbsteinschätzung in Studien nicht als risikofreudiger sehen, sind sie den Studien zufolge aber mutiger:

> „... multivariate Tests ergaben, dass Entrepreneure nicht-eindeutige Geschäftsszenarien deutlich positiver einstuften als andere

---

[154] L. E. Palich and D. Ray Bagby: "Using Cognitive Theory To Explain Entrepreneurial Risk-Taking: Challenging Conventional Wisdom," *Journal of Business Venturing* 10, no. 6 (1995): 425–438, DOI: http://dx.doi.org/10.1016/0883-9026(95)00082-J

Testpersonen. Und univariate Tests zeigten, dass diese Wahrnehmungsunterschiede konsistent und signifikant waren. Das bedeutet, dass Entrepreneure in Geschäftsszenarien eher Stärken im Vergleich zu Schwächen, eher Chancen im Vergleich zu Bedrohungen, eher Potenzial zu Leistungsverbesserungen im Vergleich zu -verschlechterungen wahrgenommen haben."[155]

Es gibt sogar eine wissenschaftliche Veröffentlichung, die Versagen in Organisationen als „Versagen des Muts" bezeichnet, da keine verantwortliche Person handelte, um das Scheitern zu verhindern.[156]

Es ist bekannt, dass die Risikobereitschaft bei Jugendlichen höher als bei Kindern oder Erwachsenen[157] und bei Männern höher als bei Frauen ist.[158] Es ist auch deutlich, dass das Vermögen für Mut nicht unveränderbar ist, sondern durch zweckdienliche Lernerfahrungen entwickelt werden kann.

Mut kann als ein subjektives Erleben betrachtet werden, bei dem ein Mensch seine Angst überwindet und sich zum Handeln im Angesicht von Unsicherheit entscheidet. In der mutigen Geisteshaltung gibt es drei positive intrapersonale Persönlichkeitseigenschaften, die man entwickeln muss, „um den festen Griff zu lösen, den eine negative Emotion über Geist und Körper eines Menschen durch Auflösen von Handlungsbereitschaft erlangt hat"[159]

---

[155] L. E. Palich and D. Ray Bagby: "Using Cognitive Theory To Explain Entrepreneurial Risk-Taking: Challenging Conventional Wisdom," *Journal of Business Venturing* 10, no. 6 (1995): 425–438, DOI: http://dx.doi.org/10.1016/0883-9026(95)00082-J

[156] C. R. Rate and R.J. Sternberg: "When Good People Do Nothing: A Failure Of Courage," *Research Companion to the Dysfunctional Workplace.* (Edward Elgar Publishing Limited, 2007): 3–21.

[157] L. Steinberg: "Risk Taking in Adolescence: New Perspectives From Brain and Behavioral Science," *Current Directions in Psychological Science* 16, no. 2, (2007): 55–59.

[158] J. P. Byrnes, D. C. Miller, and W. D. Schafer: "Gender Differences in Risk Taking: A Meta-Analysis," 125 no. 3 (1999): 367–383.

[159] B.L. Fredrickson: "The Role Of Positive Emotions In Positive Psychology: The Broaden-And-Build Theory Of Positive Emotions," *American Psychologist* 56 (2001): 218–226.

Diese drei Eigenschaften sind Offenheit für Erfahrungen, Gewissenhaftigkeit und Strategien zur Selbstreflexion, die die Selbstwirksamkeit fördern.[160]

Resilienz (*Resilience*)

Beharrlichkeit / Ausdauer (*perseverance*), Durchhaltevermögen (*grit*), Hartnäckigkeit, Einfallsreichtum, Mumm, Selbstdisziplin, Anstrengung, Sorgfalt, Engagement (*commitment*), Selbstbeherrschung, Selbstwertgefühl, Vertrauen, Stabilität, Anpassungsfähigkeit, Umgang mit Mehrdeutigkeit, Flexibilität, Feedback usw.

> *Der größte Glanz im Leben liegt nicht darin, niemals zu fallen,*
> *sondern jedes Mal wieder aufzustehen.*
>
> *– Nelson Mandela*

In ihrer grundlegendsten Form kann Resilienz als eine Fähigkeit oder eine Kombination von Eigenschaften gedacht werden, die jemandem die Überwindung von Hindernissen ermöglicht. Resilienz ist die Essenz der „Vom-Tellerwäscher-zum-Millionär"-Geschichten, die sich seit Jahrhunderten durch Kulturen hindurchziehen. Sie bezieht sich oft auf die Fähigkeiten bestimmter Personen, die dort erfolgreich waren, wo andere unter denselben Umständen es nicht schafften. In einer Veröffentlichung über die Geschichte der Resilienz und der andauernden Diskussion um ihr Wesen wird Resilienz als „dynamischer Prozess von positiver Adaption in einem Kontext von erheblichen Widrigkeiten" definiert. [161] Die Bezeichnung als „dynamischer Prozess" betont die Tatsache, dass Resilienz als Begriff für eine Vielzahl von Faktoren verwendet wird, die alle beeinflussen, ob jemand im Angesicht von Widrigkeiten erfolgreich sein wird oder nicht.

---

[160] S. T. Hannah, P. J. Sweeney, and P. B. Lester: "Toward A Courageous Mindset: The Subjective Act And Experience Of Courage," *The Journal of Positive Psychology* 2, no. 2 (2007): 129–135.
[161] S. S. Luthar, D. Cicchetti, and B. Becker: "The Construct of Resilience: A Critical Evaluation and Guidelines for Future Work," Child Development 71 (2000): 543–562.

Ein Bestandteil, der zu Resilienz beiträgt, ist die Idee von Durchhaltevermögen (*grit*). In ihrer grundlegenden Studie zum Thema Durchhaltevermögen (*grit*) – definiert als „Ausdauer und Leidenschaft für langfristige Ziele" – haben Angela Duckworth und ihre Kollegen herausgefunden, dass „Durchhaltevermögen (*grit*) für durchschnittlich 4% der Varianz für erfolgreiche Ergebnisse verantwortlich ist."[162]

Die drei Hauptfaktoren [163] in Schulen, Gemeinden und sozialen Unterstützungssystemen, die Resilienz im Jugendalter positiv beeinflussen, sind:

1. fürsorgliche Beziehungen,
2. Kommunikation von hohen Erwartungen,
3. Möglichkeiten für bedeutsames Engagement und Beteiligung.

Da Resilienz sich in erster Linie damit beschäftigt, wie widrige Bedingungen überwunden oder nicht überwunden werden[164], hat sich ein Großteil der frühen Resilienzforschung auf Versuchsgruppen konzentriert, die aus Hochrisiko-Gruppen und Schulsystemen stammen. Diese Forschung hat viel dazu beigetragen, Resilienz als Schlüsselfaktor dafür zu identifizieren, wie wahrscheinlich eine Schülerin oder ein Schüler in einem Hochrisiko-Setting erfolgreich sein würde. Die Identifizierung von Resilienz als eine positive Eigenschaft führte dazu, dass viele die Gültigkeit bestimmter Risikomodelle für Reformen in Frage stellen.[165],[166] Inzwischen suchen Forscher nach Wegen, die positiven Faktoren zur Verstärkung von Resilienz zu unterstützen, anstatt sich ausschließlich auf die Verminderung von Risikofaktoren zu konzentrieren. Dadurch wurde der Weg für eine

---

[162] A. Duckworth et al.: "Grit: Perseverance and Passion for Long-Term Goals," *Journal of Personality and Social Psychology* 92, no. 6 (2007): 1087–1101.
[163] B. Benard: "Fostering Resilience in Children," ERIC Digest (1995).
[164] P. Rees and K. Bailey: "Positive Exceptions: Learning from Students who 'Beat the Odds,'" *Educational and Child Psychology* 20, no. 4 (2003): 41–59.
[165] N. Garmezy and M. Rutter: *Stress, Coping and Development in Children* (New York: McGraw-Hill, 1983).
[166] E. Werner: "Protective Factors and Individual Resilience," in S.J.S. Meisels. ed., *Handbook of Early Childhood Intervention* (Cambridge, UK: Cambridge University Press, 1990).

Resilienzforschung bereitet, die sich auf alle Schülerinnen und Schüler bezieht, nicht nur auf diejenigen, die als hoch gefährdet eingestuft werden.[167]

Ethik (*Ethics*)

> Wohlwollen, Menschlichkeit, Integrität, Respekt, Gerechtigkeit, Gleichheit, Fairness, Mitgefühl, Freundlichkeit, Altruismus, Inklusion, Toleranz, Akzeptanz, Loyalität, Ehrlichkeit, Wahrhaftigkeit, Authentizität, Echtheit, Vertrauenswürdigkeit, Anstand, Rücksichtnahme, Vergebung, Tugend, Liebe, Fürsorge, Hilfsbereitschaft, Großzügigkeit, Nächstenliebe, Hingabe, Zugehörigkeit usw.

> *„Den Verstand eines Mannes zu erziehen, aber nicht seine Moral, bedeutet, ihn zu einer Bedrohung für die Gesellschaft zu erziehen."*
>
> *– Theodore Roosevelt*

Ethik als vermittelbare Charaktereigenschaft basiert weitgehend auf der Literatur zur Moralentwicklung, entwickelt von Jean Piaget und John Dewey, weiterentwickelt von Lawrence Kohlberg und Carol Gilligan. Die Grundidee besagt, dass Kinder in einem natürlich Prozess Stufen der Moralentwicklung durchlaufen, von der präkonventionellen Ebene (Orientierung an Gehorsam und Strafe, instrumentell-relativistische Orientierung), über die konventionelle Ebene (interpersonale Konkordanz-Orientierung, Orientierung an Gesetz und Ordnung) bis zur postkonventionellen Ebene (legalistische Orientierung am Sozialvertrag, Orientierung am universalen ethischen Prinzip).[168]

John Dewey hat vorgeschlagen, dass „Erziehung die Arbeit ist, die Bedingungen bereitzustellen, die es den psychologischen Funktionen ermöglichen, auf möglichst freie und vollständige Weise zu reifen."[169]

---

[167] C. Cefai: *Promoting Resilience in the Classroom: A Guide to Developing Pupils' Emotional and Cognitive Skills* (London: Jessica Kingsley Publishers, 2008).

[168] L. Kohlberg: *The Philosophy Of Moral Development: Moral Stages And The Idea Of Justice (Essays On Moral Development, Volume 1)* (San Francisco: Harper and Row, 1981).

[169] J. Dewey as cited in L. Kohlberg and R. H. Hersh: "Moral Development: A Review of the Theory,"

Umgebungen, die moralische Entwicklung erfolgreich fördern, bieten Möglichkeiten zur Beteiligung in der Gruppe, zur gemeinsamen Entscheidungsfindung und zur Verantwortungsübernahme für die Folgen des Handelns.[170] Kohlberg hat für die Ebene des Klassenzimmers drei Bedingungen formuliert, die Diskussionen über Ethik dienlich sind:

1. Konfrontation mit der nächsthöheren Stufe der Moralentwicklung
2. Begegnung mit Situationen, die für die aktuelle Moralstufe der Schülerinnen und Schüler Probleme und Widersprüche bereithält, so dass Unzufriedenheit mit dem aktuellen Status entsteht
3. ein Klima von Austausch und Dialog, in dem die ersten beiden Bedingungen miteinander kombiniert werden und in dem sich widersprechende moralische Einschätzungen in offener Weise miteinander verglichen werden können.[171]

Es ist wichtig zu beachten, dass alleine das moralische Wissen nicht unbedingt zu moralischen Handlungen führt. Moralisches Verhalten ist sehr abhängig vom Kontext und entsprechend können auch Faktoren wie Motivation und Emotionen eine Rolle spielen, genauso notwendige Eigenschaften wie Mut und das Vorhandensein starker Vorbilder.

Laut einer Studie, die die verschiedenen Stufen der Moralentwicklung, Willenskraft und die Verbreitung von betrügerischem Verhalten in der Schule zueinander in Beziehung setzte, schummelten 15 Prozent der Schülerinnen und Schüler, die sich auf der postkonventionellen Ebene befinden, verglichen mit 55 Prozent bei Lernenden auf der konventionellen und 70 Prozent auf der prekonventionellen Ebene. Dabei ist bemerkenswert, dass innerhalb der konventionellen Ebene nur 26

Theory into Practice 16, no. 2, (1977): 53-59.

[170] L. Kohlberg: "Moral Stages, Moralization: the Cognitive Developmental Approach," In: T. Lickona, ed. *Moral Development And Behavior* (New York: Holt, Rinehart, Winston, 1976), 54 as cited in R. M. Krawczyk, "Teaching Ethics: Effect on Moral Development," *Nursing Ethics* 4, no. 1 (January 1997): 57-65.

[171] L. Kohlberg: "The Cognitive-Developmental Approach to Moral Education," *The Phi Delta Kappan* 56, no. 10 (1975): 670-677.

Prozent derer schummelten, die die Studie willensstark nannte, während es 74 Prozent unter denjenigen waren, die von der Studie als willensschwach bestimmt worden waren.[172] Aus diesen Gründen ist es angemessen, Ethik als Charaktereigenschaft und nicht als Wissensbereich einzustufen, auch wenn der Unterricht ethischer Prinzipien in verschiedenen Fächern (z.B. Bioethik) einen gewissen Einfluss auf moralisches Verhalten haben mag.

Menschenführung (*Leadership*)

Verantwortung, Verzicht, Verpflichtung, Zuverlässigkeit, Verlässlichkeit, Pflichtbewusstsein, Uneigennützigkeit, Demut, Bescheidenheit, Selbstreflektiertheit, Inspiration, Organisation, Delegation, Mentorenschaft, Hingabe, Heldentum, Charisma, Folgebereitschaft, Engagement, Führung durch Vorbild, Zielorientierung, Konzentration, Ergebnisorientierung, Präzision, Ausführung, Effizienz, Verhandlung, Konsistenz, Geselligkeit, Vielfalt (*diversity*), Anstand usw.

> *Wer Menschen führen will, muss hinter ihnen gehen. Der beste Führer ist der, dessen Existenz gar nicht bemerkt wird, der zweitbeste der, welcher geehrt und gepriesen wird, der nächstbeste der, den man fürchtet und der schlechteste der, den man hasst. Wenn die Arbeit des besten Führers getan ist, sagen die Leute: „Das haben wir selbst getan."*
> *– Laotse, Philosoph, Lehrer des Daoismus/ Taoismus*
> *(6. Jh. v. Chr.)*

Zwar bestreitet niemand, dass Organisationen leistungsfähige Führungskräfte brauchen. Aber die Vorstellung von dem, was entsprechende Menschenführung / *Leadership*[173] ausmacht und wie sie vermittelt werden kann, befindet sich derzeit im Wandel. Traditionelle Ansichten setzen Führungskräfte in den Rahmen der Systemkontrolle. Als

---

[172] R. L. Krebs, L. Kohlberg: Moral Judgment And Ego Controls As Determinants Of Resistance To Cheating, Moral Education Research Foundation, (1973) quoted in Kohlberg: The Cognitive-Developmental Approach to Moral Education, 670–677.

[173] Anm. d. Übersetzers: Im Folgenden wird ergänzend zu *Menschenführung* auch der Begriff *Leadership* genutzt, da er sich auch in der aktuellen deutschsprachigen Debatte als Konzept mit einem aktualisierten Verständnis von *Führung* etabliert hat.

außerordentlich charismatische Individuen, fast schon übermenschliche Superhelden, arbeiten sie isoliert und inspirieren ihre Anhänger (followers), ihrerseits zum Wohle einer einheitlichen und starren Organisation beizutragen. Das steht im Einklang mit einem mechanistischen Verständnis von Organisationen, in denen es Untergebene als Anhängerinnen und Anhänger (followers) und Führungspersonen (leaders) als Expertinnen und Experten gibt. Letztere versuchen, ihre Kontrolle zu maximieren und ihre Untergebenen zu motivieren, so dass diese auf bestimmte Art und Weise so arbeiten, dass sie die Ziele und Mission der Organisation erreichen.[174]

Diese Ansicht unterstellt allerdings, dass Leadership besonderen Menschen vorbehalten bleibt (unerreichbar für die meisten Menschen) und in hohem Maße angeboren und nicht vermittelbar ist. Das steht auch im Widerspruch zu Studien, die die Bedeutung von zurückhaltender Führung (quiet leadership) untersucht haben.[175] Erfolgreiche Führungskräfte passen oft nicht in das traditionelle Heldenbild. Stattdessen kann es sein, dass sie „schüchtern, unprätentiös, unbeholfen und bescheiden sind, aber gleichzeitig enorme Ambitionen haben – nicht für sich selbst, sondern für die Organisation."[176]

Im Gegensatz dazu betont das sich etablierende prozessbezogene Framework von Leadership, dass Organisationen soziale Konstrukte sind, bestehend aus „sich ständig verändernden Mustern von Bedeutungsaushandlungen und Aktivitäten, die entstehen, wenn (...) Menschen sich in Beziehungen untereinander und innerhalb ihrer Kulturen befinden."[177] In diesem Bild geht es bei Leadership nicht um

---

[174] A. Hay and M. Hodgkinson: "Rethinking Leadership: A Way Forward for Teaching Leadership?" Leadership and Organization Development Journal 27, no. 2 (2006): 144-158.
[175] J. L. Badaracco: "We Don't Need Another Hero," Harvard Business Review 79, no. 8 (2001): 121-126.
[176] J. Collins: "Level 5 Leadership: The Triumph Of Humility And Fierce Resolve" Harvard Business Review 79, no.1 (2001): 67-76.
[177] T.J. Watson: Organizing and Managing Work, Prentice Hall: London (2002): 6, quoted in A. Hay and M. Hodgkinson, "Rethinking Leadership: a way forward for teaching leadership?" Leadership and Organization Development Journal 27, no. 2 (2006).

Einzelpersonen, sondern um ein Bündel von Prozessen, Praktiken und Interaktionen; [178] und umfassende Kontrolle ist weder möglich noch wünschenswert. Führungskräfte müssen sich – wie alle anderen auch – kontinuierlich Sinn aus sich überschneidenden und häufig widersprechenden Zielen und Informationen erschließen. Die Qualifikationen, die Führungskräfte dafür brauchen (beispielsweise Verhandlungen zu führen und aufschlussreiche Fragen zu stellen), sind sowohl erlernbar wie auch praxisrelevant. [179] Dieser Ansatz ermöglicht ein größeres Maß an Flexibilität und Unsicherheit, wobei man Gruppenprozesse für wichtiger als die Visionen eines Einzelnen betrachtet.

Außerdem liegt dieser Ansatz auf einer Linie mit aktuellen komplexen systemtheoretischen Modellen guter Managementpraxis, in denen die einzelne Führungskraft Gruppenprozesse und Beziehungen ermöglicht und fördert, anstatt dass sie eigene Visionen von oben nach unten aufzwingt und auf diese Weise die Leistungsfähigkeit der Organisation auf die einer einzelnen Person reduziert. [180]

Ein weit verbreitetes Modell zur Vermittlung von *Leadership* definiert diese als „relationalen und ethischen Prozess von Menschen, die positive Veränderungen gemeinsam erreichen wollen."[181] Dieses relationale Modell von Leadership beinhaltet Dimensionen wie inklusives, ermöglichendes, zielgerichtetes, ethisches und prozessorientiertes Verhalten.

---

[178] L. Crevani, M. Lindgren, and J. Packendorff: "Leadership, Not Leaders: On The Study Of Leadership As Practices And Interactions," *Scandinavian Journal of Management* 26, no. 1 (2010); 77–86.
[179] Hay and Hodgkinson: "Rethinking Leadership" (2006).
[180] Y. Bar-Yam: "Complexity Rising: From Human Beings To Human Civilization, A Complexity Profile," Encyclopedia of Life Support Systems (EOLSS UNESCO Publishers, Oxford, UK, 2002).
[181] S. R. Komives, N. Lucas, and T. R. McMahon: *Exploring Leadership: For College Students Who Want to Make a Difference*, 2nd ed. (San Francisco: Jossey-Bass/Wiley, 2006).

Kapitel 6 – Die Dimension Meta-Lernen

*Die Analphabeten des 21. Jahrhunderts werden nicht diejenigen
sein, die nicht lesen und schreiben können, sondern diejenigen,
die nicht lernen, verlernen und neu lernen können.*
— *der Psychologe Herbert Gerjuoy,
zitiert von Alvin Toffler*[182]

Ergänzend zur Neugestaltung des relevanten Wissens, der Fähigkeiten und der Charaktereigenschaften für das 21. Jahrhundert braucht es unserer Überzeugung nach noch eine Metaebene für die Bildung. Auf dieser Ebene können Schülerinnen und Schüler sich in Reflektion üben, über das Lernen lernen, ein dynamisches Selbstbild (*growth mindset*), das sie zur stetigen Weiterentwicklung ermutigt, verinnerlichen und lernen, wie sie ihr Lernen und ihr Verhalten anhand ihrer Ziele neu ausrichten können. Die OECD hat diese Dimension als Reflektiertheit (*reflectiveness*) beschrieben. Im *EU Reference Framework of Key Competencies*, in den *Deeper Learning Competencies* der Hewlett Foundation und in den *Assessment and Teaching of Twenty-First Century Skills* wird diese Ebene als „Lernen zu lernen" oder „lernen lernen"[183] bezeichnet.

Der sicherste Weg, Schülerinnen und Schüler auf eine sich wandelnde Welt vorzubereiten, besteht darin, ihnen das Rüstzeug zu geben, um vielseitig und wandlungsfähig (*versatile*), reflektiert, selbstgesteuert und selbstbestimmt zu handeln.

---

[182] Flexnib, "That Alvin Toffler Quotation," http://www.flexnib.com/2013/07/03/that-alvin-toffler-quotation
[183] Anm. d. Übersetzers: In der deutschen Übersetzung des EU Reference Framework wird auch der Begriff „Lernkompetenz" verwendet.

Metakognition – Lernziele, -strategien und -ergebnisse reflektieren

Metakognition ist, einfach gesagt, der *Prozess des Denkens über das Denken*. Sie spielt für jeden Aspekt von Schule und Leben eine wichtige Rolle, weil sie Selbstreflexion zu den eigenen Standorten, zukünftigen Zielen, Handlungsmöglichkeiten und Strategien sowie Ergebnisse umfasst. Im Kern ist sie eine grundlegende Überlebensstrategie und wurde sogar bei Ratten nachgewiesen.[184]

Der vielleicht wichtigste Grund für die Entwicklung von Metakognition besteht darin, dass Metakognition die Anwendung von Wissen, Fähigkeiten und Charaktereigenschaften auf Bereiche verbessern kann, die über den unmittelbaren Kontext hinausgehen, in dem diese erlernt wurden.[185] Das kann sich anhand des Transfers von Kompetenzen über fachliche Grenzen hinweg zeigen - für Schülerinnen und Schüler eine wichtige Vorbereitung auf das echte Leben, in dem die saubere Aufteilung auf Fächer wegfällt und man für eine anstehende Herausforderung aus den Fähigkeiten des gesamten eigenen Erfahrungsschatzes auswählen muss, was zur Anwendung kommt. Selbst innerhalb eines akademischen Umfelds ist es wertvoll und oft notwendig, Grundsätze und Methoden über Fächergrenzen hinweg anzuwenden. Transfer kann auch innerhalb einer Disziplin notwendig werden, wenn zum Beispiel ein bestimmter Inhalt oder eine Fähigkeit in Bezug auf ein bestimmtes Beispiel erlernt wurde, Schülerinnen und Schüler diese im Rahmen von Hausarbeiten oder Prüfungen aber in einen anderen Zusammenhang übertragen müssen.

---

[184] Ratten wurden vor eine Aufgabe gestellt, die sie wahlweise ablehnen konnten. Sie bekamen eine größere Belohnung, wenn sie die Aufgabe ablehnten, als wenn sie an ihr scheiterten. Wie erwartet lehnten die Ratten die Aufgaben umso häufiger ab, desto schwieriger sie wurden. Und die Ratten lieferten genauere Ergebnisse, wenn sie die Aufgaben freiwillig bearbeiteten, als wenn sie dazu gezwungen wurden. Vgl. A. L. Foote and J. D. Crystal, "Metacognition in the Rat," Current Biology 17, no. 6 (2007): 551-555.
[185] Gregory Schraw and David Moshman: "Metacognitive Theories," *Educational Psychology Papers and Publications*, Paper 40 (1995).

Transfer ist das ultimative Ziel von allem Lernen, da von Schülerinnen und Schülern erwartet wird, das in der Schule Gelernte zu verinnerlichen und auf das Leben anzuwenden.

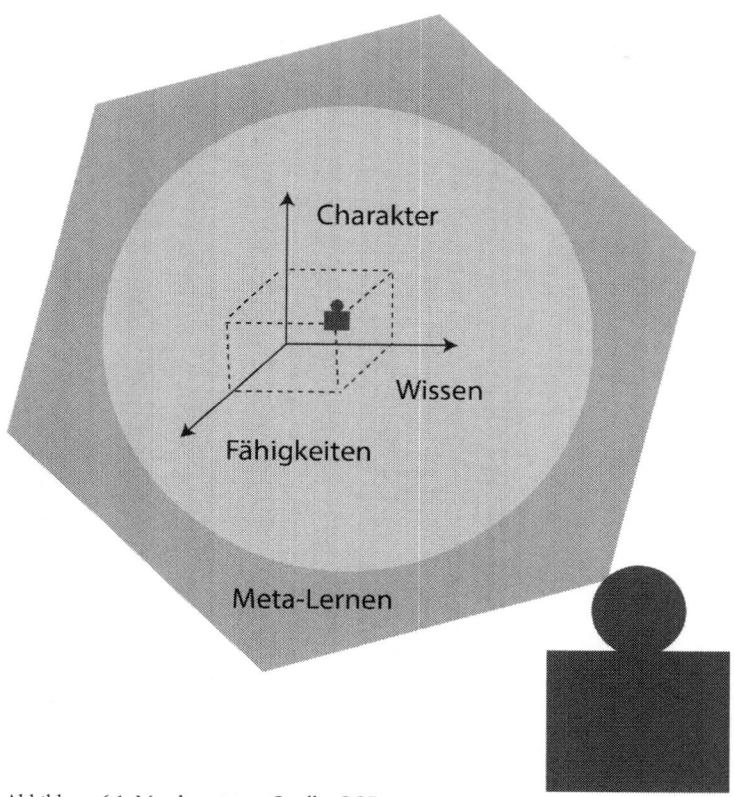

Abbildung 6.1: Metakognition, Quelle: CCR

Um den Wert und die konkrete Bedeutung von Metakognition zu veranschaulichen, wählen wir ein Beispiel aus dem Bereich Mathematik, wo die zentrale Rolle von Metakognition für Lernen und Leistung nachgewiesen wurde.[186] Konkret wurden Mathematik-Anfänger und -

---

[186] Z. Mevarech, and B. Kramarski: *Critical Maths for Innovative Societies: The Role of Metacognitive Pedagogies* (Paris, France: OECD Publishing, 2014).

Fortgeschrittene miteinander verglichen. Die Novizen wählten eine vermeintlich nützliche Strategie und wandten diese fortdauernd an, ohne zu prüfen, ob die Strategie tatsächlich gut funktionierte. Auf diese Weise wurde ein nennenswerter Anteil der Zeit für fruchtlose Versuche verschwendet. Die erfahreneren Mathematiker dagegen praktizierten Metakognition, indem sie ihr Vorgehen die gesamte Zeit über überwachten, um zu sehen, ob es tatsächlich zur Lösung hin oder in eine Sackgasse führte. [187] Das Bewusstsein, wie man mit dem Lernprozess umgeht, beeinflusst, wie eine Schülerin oder ein Schüler die zu bearbeitende Aufgabe interpretiert und welche Strategien zur Erreichung der Lernziele er auswählt und einsetzt. Das kann dazu beitragen, die Problemlösungserfahrung auf einem sehr hohen Niveau zu optimieren und ist somit in einer Vielzahl von Kontexten anwendbar. Solche metakognitiven Strategien bieten ein mächtiges Rüstzeug für jedes Fach, für fächerübergreifendes Lernen und für Lernen im Allgemeinen.

Bei einem derartig abstrakten Lernziel ist es für Lehrende selbstverständlich wichtig, präzise bei der Gestaltung des Unterrichts zu sein. Bei traditionellen Methoden für die Verbesserung von Lernstrategien der Lernenden geht es oft um vorgeschriebene Verfahren (Mitschriften, Selbsttests, Zeitplanung usw.). Typischerweise bewirken sie eine Anfangsmotivation und einige kurzfristigen Verbesserungen, aber letztlich kommt es zu einer Rückkehr zu alten Gewohnheiten.[188] Diese Strategien mögen auf kurze Sicht funktionieren (z.B. beim Pauken für eine Prüfung), aber sobald sich der Kontext ändert, sinkt die Wahrscheinlichkeit für einen erfolgreichen Transfer der Methoden. Bei eher strategischen Methoden, die auf Metakognition für deeper learning abzielen, wurden mehr bleibende

---

[187] A. Gourgey: "Metacognition in Basic Skills Instruction," *Instructional Science* 26, no. 1 (1998): 81–96.

[188] E. Martin and P. Ramsden: "Learning Skills and Skill in Learning," in J.T.E. Richardson, M. Eysenck, and D. Warren-Piper (Eds.), *Student Learning: Research in Education and Cognitive Psychology* (Guildford, Surrey: Society for Research into Higher Education and NFER-Nelson, 1986) as cited in J. Biggs, "The Role of Metacognition in Enhancing Learning," *Australian Journal of Education* 32, no. 2, (1988): 127–138.

Lernfortschritte nachgewiesen – beispielsweise ein dynamisches Selbstbild zu entwickeln (*growth mindset*, ausführlich dazu später mehr), eigene Lernziele zu setzen sowie zu kontrollieren und die Fähigkeit auszubauen, trotz Schwierigkeiten unbeirrt weiterzumachen.[189]

Es ist wichtig, zu beachten, dass es streng genommen eine ganze Reihe von mentalen Prozessen gibt, die unter die Definition von Metakognition fallen, da es Denken auf höheren Stufen beinhaltet, bei dem das Denken auf niedrigeren Stufen kontrolliert wird. Die Effekte von metakognitiven Trainings unterscheiden sich, je nachdem WAS und WIE Denken auf niedriger Stufe kontrolliert wird. In der Forschung wurden drei Ebenen der Auswertung zu metakognitiven Prozessen identifiziert:

1. Verbalisierung von Wissen, das bereits in sprachlicher Form vorliegt (beispielsweise sich an das zu erinnern, was in einer Geschichte passierte),
2. Verbalisierung von nicht-sprachlichem Wissen (beispielsweise sich zu erinnern, wie man einen Zauberwürfel löste),
3. Verbalisierung von *Erklärungen* zu sprachlichem oder nicht-sprachlichem Wissen (beispielsweise zu erklären, wie rhetorische Strukturen in einer Geschichte verwendet werden, während man sie liest).

Nur diese dritte Ebene metakognitiver Prozesse wurde mit verbesserten Ergebnissen beim Problemlösen in Verbindung gebracht.[190]

Schülerinnen und Schüler können Metakognition im Kontext ihrer aktuellen Lernziele entwickeln. Dadurch können der Erwerb von

---

[189] Biggs: "The Role of Metacognition in Enhancing Learning," 127–138.
[190] D. J. Hacker and J. Dunlosky: "Not All Metacognition Is Created Equal," *New Directions for Teaching and Learning* 95 (2003): 73–79.

Kompetenzen[191] und der Transfer des Gelernten[192] verbessert werden, unabhängig von ihrem Leistungsstand zu Beginn. Tatsächlich könnte der Nutzen für Lernende mit schwachen Leistungen am höchsten sein, da die besseren Schülerinnen und Schüler bereits Strategien anwenden, die sich für sie als nützlich erwiesen haben.[193] Schülerinnen und Schüler mit Lernbehinderungen oder schwachen Leistungen können ihr Verhalten erwiesenermaßen durch metakognitives Training wirksamer verbessern als durch traditionelles Training der Aufmerksamkeitssteuerung.[194]

Bei Schülerinnen und Schülern mit einer höheren Selbstwirksamkeitserwartung (Vertrauen in die Fähigkeiten, eigene Ziele zu erreichen) ist es wahrscheinlicher, dass sie Metakognition anwenden und in der Folge wahrscheinlicher, dass sie bessere Leistungen erreichen.[195] Das ist ein starker Hinweis auf eine positive Feedbackschleife für leistungsstarke Schülerinnen und Schüler. Sie sind durch den Einsatz metakognitiver Strategien erfolgreicher, wodurch sich ihre Zuversicht verbessert, was in der Folge dazu führt, dass sich ihre Leistungen weiter verbessern. Metakognition ist ein integraler Bestandteil einer positiven Lernspirale, der zudem für weitere Verbesserungen durch Anleitungen zugänglich ist.

---

[191] A. M. Schmidt and J. K. Ford: "Learning Within a Learner Control Training Environment: the Interactive Effects of Goal Orientation and Metacognitive Instruction on Learning Outcomes," *Personnel Psychology* 56, no. 2 (2003): 405–429.

[192] J. K. Ford et al.: "Relationships of Goal Orientation, Metacognitive Activity, and Practice Strategies With Learning Outcomes and Transfer," *Journal of Applied Psychology* 83, no. 2 (1998): 218–233.

[193] W. J. McKeachie: "The Need for Study Strategy Training," In C. E. Weinstein, E. T. Goetz, and P. A. Alexander, eds., *Learning And Study Strategies: Issues In Assessment, Instruction, And Evaluation* (New York: Academic Press, 1988), 3-9.

[194] K. A. Larson and M. M. Gerber: "Effects of Social Metacognitive Training of Enhanced Overt Behavior in Learning Disabled and Low Achieving Delinquents," *Exceptional Children* 54, no.3 (1987), 201-211.

[195] Kanfer and Ackerman, 1989 and Bouffard-Bouchard, Parent, and Larivee, 1991, as cited in S. Coutinho: "Self-Efficacy, Metacognition, and Performance," *North American Journal of Psychology* 10, no. 1 (2008): 165-172.

Ein dynamisches Selbstbild (Growth Mindset) verinnerlichen[196]

Eher unbewusst haben Schülerinnen und Schüler von der Gesellschaft einige Botschaften über sich selbst, ihre Talente und den Stellenwert harter Arbeit aufgenommen. Dieses grundsätzliche Bild drückt sich in verschiedenen Formen aus. Schülerinnen und Schüler geben oft damit an, wie wenig sie für eine bestimmte Prüfung gelernt haben. Oder sie behaupten, dass sie ein bestimmtes Fach „einfach nicht können". Diese und viele andere Äußerungen von Lernende liefern Hinweise auf ihre unbewussten Vorstellungen davon, wie viele Anteile Talent und wie viele Anteile eigene Anstrengung zum Erfolg beitragen.

Der Forschung von Carol Dweck gemäß gibt es zwei allgemeine Kategorien dieser gedanklichen Vorstellungen von Erfolg. Bei einem statischen Selbstbild glauben Menschen, dass ihre grundlegenden Eigenschaften, so auch Intelligenz oder Talent, einfach feststehende Merkmale sind. Sie nutzen ihre Zeit, um ihre Intelligenz oder ihr Talent nach außen darzustellen anstatt es weiterzuentwickeln. Sie glauben außerdem, dass Erfolg alleine das Ergebnis von Talent ist – ohne weitere Anstrengungen. Das führt zu selbstbetrügerischen Verhaltensmustern, die der Schülerin oder dem Schüler selbst gar nicht bewusst sind. Mit einem dynamischen Selbstbild dagegen erkennen Menschen, dass Talent nur der Ausgangspunkt ist und dass Fähigkeiten durch harte Arbeit entwickelt werden können. Durch diese Sichtweise entstehen Liebe zum Lernen um des Lernens selbst willen und die Resilienz, die für den Erfolg bei großen Unterfangen unerlässlich ist.

---

[196] Anm. d. Übersetzers: Für die Übersetzung von *Growth Mindset* wird auf die deutsche Fassung des Buchs von Carol Dweck (s.u.) zurückgegriffen, in der *dynamisches Selbstbild* vs. *statisches Selbstbild* verwendet wird.

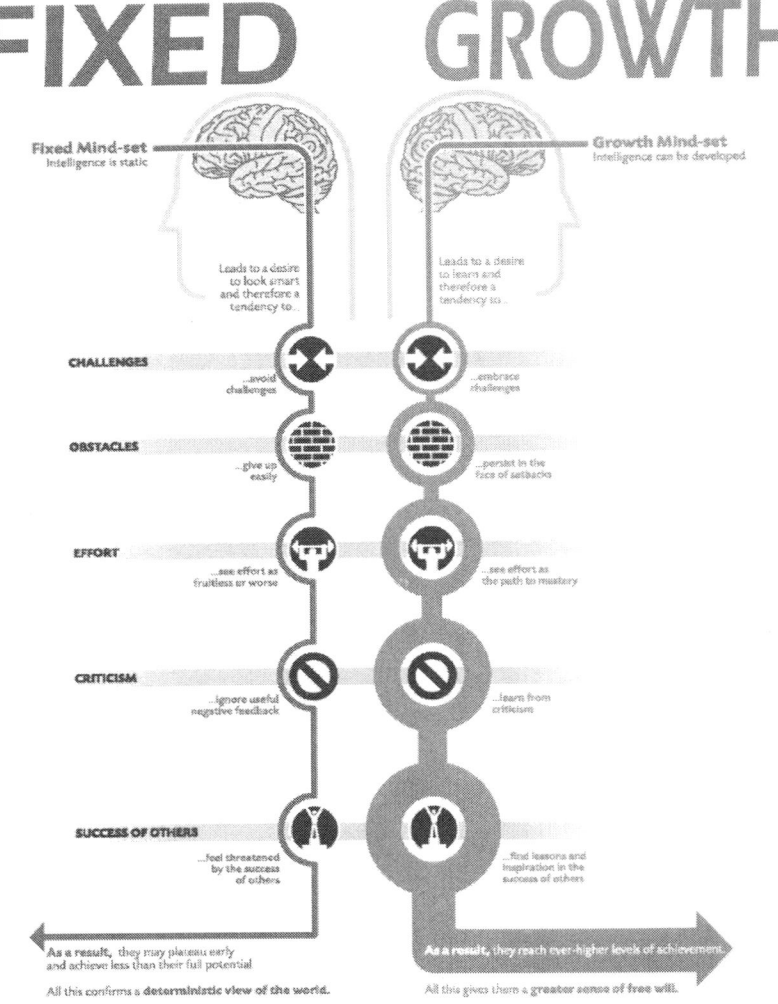

Abbildung 6.2: Zwei Selbstbilder (*mindsets*), Quelle: *Mindset* von Carol Dweck, Grafik von Nigel Holmes

Selbstverständlich tragen *sowohl* angeborenes Talent *als auch* harte Arbeit zum Erfolg bei. Alfred Binet, der Erfinder des Intelligenztests, war überzeugt, dass Bildung entscheidend für die Steigerung von Intelligenz ist:

„Einige neuere Philosophen haben offenbar ihre moralische Zustimmung zu diesen bedauerlichen Urteilen gegeben, nach denen die Intelligenz eines Menschen eine feste Größe darstellt – eine Größe, die nicht erhöht werden kann. Wir müssen Einspruch erheben und gegen diesen brutalen Pessimismus angehen. Wir werden versuchen zu beweisen, dass er auf nichts begründet ist... Mit Übung, Anleitung und vor allem Methode können wir es schaffen, unsere Aufmerksamkeit, unser Gedächtnis und unser Urteilsvermögen zu steigern und buchstäblich intelligenter zu werden als vorher."[197]

Wir lernen derzeit mehr darüber, wie Menschen durch Übung Fähigkeiten ausbauen können, von denen wir dachten, dass sie unveränderlich seien. Herbert Nitsch, ein Weltmeister im Freitauchen,[198] kann seinen Atem für mehr als neun Minuten anhalten. Wir dachten früher, unser Gehirn würde sich nicht verändern. Dann erkannten wir, dass es bestimmte Entwicklungsphasen gibt, in denen das Gehirn sich ändert. Inzwischen wissen wir, dass das Gehirn sich quasi buchstäblich in jedem Moment verändert, abhängig von den Erfahrungen, die wir machen. Es sind die gemeinsamen Effekte dieser Erfahrungen, die zu unserer Persönlichkeit und zu unseren bewussten Erfahrungen führen.

Wie also beeinflusst das Selbstbild (*mindset*) die Wechselwirkung zwischen Lernenden und ihren Zielen in der Schule?
Schülerinnen und Schüler mit einem Lernziel (*learning goal*) – verbunden mit einem dynamischen Selbstbild – beschäftigen sich damit, die Fähigkeiten, Verständnisse und Denkweisen aus dem Unterricht zu verinnerlichen. Schülerinnen und Schüler mit einem Leistungsziel (*performance goal*) sind vor allem damit beschäftigt, dass sie so wahrgenommen werden, als ob sie die Anforderungen erfüllt hätten.

---

[197] Baldwin Hergenhahn and Tracy Henley: An Introduction to the History of Psychology, 7th ed. (Belmont, CA: Cengage Learning, 2013).
[198] Freitauchen (Apnoetauchen) ist eine Form des Tauchens, bei der auf jegliche Atemgeräte verzichtet wird.

Lernziel-orientierte Schülerinnen und Schüler neigen dazu, Fehler als Möglichkeiten für Wachstum und Verbesserungen wahrzunehmen, während leistungsorientierte Schülerinnen und Schüler Fehler als Scheitern sehen. Im Ergebnis zeigen Lernziel-orientierte Schülerinnen und Schüler mehr Einsatz, wenn sie Herausforderungen gegenüberstehen, wogegen Performanz-orientierte Schülerinnen und Schüler weniger Einsatz zeigen.[199]

Lernziel-orientierte Schülerinnen und Schüler neigen dazu, mehr metakognitive Strategien einzusetzen und höhere akademische Leistungen zu erreichen. [200] Diese inneren Einstellungen zu den eigenen Lernmöglichkeiten beeinflussen die metakognitiven Prozesse von Schülerinnen und Schülern implizit und explizit bereits in der dritten Klasse[201], so dass Lernstrategien dementsprechende Anwendung finden (oder eben nicht!).

Der Stellenwert von Meta-Lernen

Als Erwachsene werden nicht mehr alle Ziele und Fristen für uns vorgegeben und ihre Einhaltung von außen erzwungen. Die meisten Menschen werden den Großteil ihres Lebens außerhalb der Schule verbringen und einen inneren Antrieb für ihr weiteres Wachstum und ihre Entwicklung benötigen, damit sie ein erfüllendes Leben führen und den gesellschaftlichen Herausforderungen gegenübertreten können. Je mehr wir lernen, desto stärker veralten unsere bisherigen Vorstellungen von der Welt. In der klinischen Forschung zum Beispiel liegt die Halbwertszeit von

---

[199] D. B. Miele, L. K. Son, and J. Metcalfe: "Children's Naive Theories of Intelligence Influence Their Metacognitive Judgments," *Child Development* 84, no. 6 (2013): 1879–1886.
[200] S. A. Coutinho: "The Relationship Between Goals, Metacognition, and Academic Success," *Educate* 7, no. 1 (2007): 39–47.
[201] Miele, Son, and Metcalfe: "Children's Naive Theories," 1879–1886.

Wahrheit bei 45 Jahren.[202] Das bedeutet, dass die Hälfte dessen, was ein Arzt oder eine Ärztin in der Schule gelernt hatte, falsch sein wird, wenn er in Rente geht – falls er sich nicht selbst um Aktualisierungen seines Wissens kümmert. Es gibt Grund, anzunehmen, dass selbst Menschen, die sich für fortgesetztes Lernen entscheiden, ihre Schwierigkeiten damit haben. Nur durchschnittlich sieben Prozent derjenigen, die sich für einen Onlinekurs anmelden, verfolgen diesen bis zum Abschluss. [203] Wir benötigen Meta-Lernen, um unsere Schwächen erkennen und uns selbst zur Verbesserung antreiben zu können.

Bildung ohne Meta-Lernen kann nur begrenzt Wirkung entfalten, denn es gibt Hinweise darauf, dass Menschen ihre Kenntnisse nicht auf die Entscheidungen in ihrem Leben anwenden – selbst wenn sie vertiefte Kenntnisse haben! In einer Studie haben Forscher untersucht, ob Ethiker sich in ihrem Leben ethischer verhalten.

„Die Hinweise zeigen keine größere Wahrscheinlichkeit, dass sie für wohltätige Zwecke spenden, sich vegetarisch ernähren, auf die E-Mails von Studenten antworten, ausstehende Konferenzgebühren begleichen, ihre Büchereiausleihen zurückgeben, Wählen gehen, regelmäßigen Kontakt zu ihren Müttern halten, Blut oder Organe spenden oder sich bei Konferenz höflich verhalten würden."[204]

Metakognition ist also der Schlüssel, um Gelegenheiten zur Verbesserung zu erkennen, und ein dynamisches Selbstbild ist die Bedingung, um von den eigenen Verbesserungsmöglichkeiten überzeugt zu sein. Darauf

---

[202] T. Poynard et al.: "Truth Survival in Clinical Research: An Evidence-Based Requiem?" *Annals of Internal Medicine* 136, no. 12 (2002): 888–895.
[203] Chris Parr: "Not Staying the Course," *Inside Higher Ed*,
https://www.insidehighered.com/news/2013/05/10/new-study-low-mooc-completion-rates
[204] E. Schwitzgebel: "The Moral Behavior of Ethicists and the Role of the Philosopher" in *Experimental Ethics: Toward an Empirical Moral Philosophy*, C. Luetge, H. Rusch, and M. Uhl, eds. (New York: MacMillan, 2013).

aufbauend braucht es Metakognition, um effektiv die eigenen Lernstrategien zu planen, im Blick zu behalten und auswerten zu können.

Meta-Lernen ist die vierte Dimension der Bildung, die eine Stütze für alle Schülerinnen und Schüler bei den verschiedensten gegenwärtigen und zukünftigen Lernaufgaben und auch im Verlauf ihres Lebens für alle Entscheidungen im Arbeits- und Privatleben sein kann. Meta-Lernen ist die innere Stimme, die fragt: „Okay, woher weiß ich, dass das hier die richtige Entscheidung ist?“, und die sagt: „Ich kann es schaffen, wenn ich es weiter versuche.“ Meta-Lernen kann jede weitere Dimension der Bildung (Wissen, Fähigkeiten und Charakter) unterstützen und abrunden, indem die Lernenden sich anhand von Zielen und Feedbackschleifen ständig verbessern und weiterentwickeln, ohne dass Lehrende oder Eltern sie bei jedem Schritt anspornen. Meta-Lernen bereitet Schülerinnen und Schülern den Weg für Erfolg beim lebenslangen, selbstgesteuerten Lernen, in den Berufsfeldern ihrer Wahl und bei der ständigen Weiterentwicklung in ihrem Leben, während die Welt fortwährend neu definiert wird, was einen leistungsfähigen und erfüllten Menschen im 21. Jahrhundert ausmacht.

Kapitel 7 – Kurze Überlegungen zum *WIE*

Eine Feedbackschleife zwischen dem *WAS* und dem *WIE*

Auch wenn es in diesem Buch um das WAS der Bildung geht, so verstehen wir doch die Bedeutung der wechselseitigen Abhängigkeit zwischen dem WAS und dem WIE. Von staatlicher Stelle aus wird im Allgemeinen entschieden, welche Standards und Assessments umgesetzt werden, wobei für die lokalen Stellen, also die Schulen, gewisse Freiräume erlaubt sind (oder nicht). Die Schulen wiederum geben Rückmeldungen aus den Erfahrungen mit Lehrplan und Unterricht, was funktioniert und was nicht, gemessen durch Lernkontrollen, Evaluation, Forschung und Entwicklung (F+E).

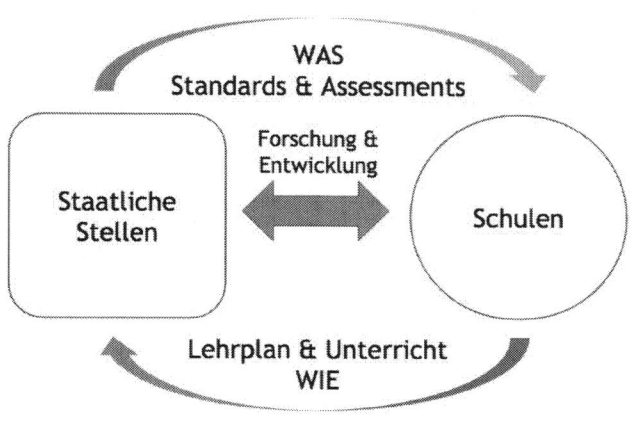

© 2015 Center for Curriculum Redesign

Abbildung 7.1: Die wechselseitige Abhängigkeit zwischen WAS und WIE, Quelle: CCR

Wir sehen auch den Stellenwert des *WIEs* im Klassenzimmer für Schülerinnen und Schüler und Lehrende. Dasselbe Thema kann auf die eine Weise bearbeitet uninteressant und wirkungslos bleiben, aber auf eine andere Weise bearbeitet praktischen, kognitiven und emotionalen Wert haben, der ein Leben lang andauert.

Aus den Abschnitten zu Fähigkeiten, Charakter und Meta-Lernen erscheint es unplausibel, dass beispielsweise Mut alleine durch Arbeit im Klassenzimmer ausgebildet werden kann oder dass Kommunikation durch passives Zuhören bei einem Vortrag entwickelt wird. Der früher erwähnte Vorbehalt *„Wenn es gut gemacht wird ...“* hängt von der Praxis ab, in der Inhalte und Bildungsziele miteinander in Einklang gebracht werden. Zu einer Praxis, mit der Lernende des 21. Jahrhunderts ausgebildet werden, gehören Lernaktivitäten zum Aufbau von Wissen, zur Entwicklung von Fähigkeiten und zur Anwendung von Strategien für Meta-Lernen. Diese Aktivitäten gehen oft über den Unterrichtsvortrag hinaus, hin zu projektbasiertem Lernen, forschend-entwickelndem Unterricht, Debattieren, Gestalten, Aufführungen, Exkursionen, Sport, Kontemplation und Spiel. Selbstverständlich spielt auch die angemessene Nutzung von Technologie im Unterricht eine Rolle. An dieser Stelle werden wir nur kurz auf diese wichtige Frage eingehen.

Das Zusammenspiel mit digitalen Medien

(Anmerkung: In diesem Abschnitt geht es weder darum, alle Einsatzmöglichkeiten von Bildungstechnologien zu beschreiben, noch um einen Beweis für ihre Wirksamkeit – dafür wäre ein ganzes weiteres Buch erforderlich. Das einzige Ziel hier ist, in Kürze das Potenzial dieser Bestrebungen hervorzuheben.)

Oft hört man die Frage: „Wie können wir digitale Medien im Klassenzimmer einsetzen?" Aber eine bessere Frage wäre: „Wie kann Technik das *verbessern*, was wir im Klassenzimmer erreichen wollen?" Unterrichten ist Priorität; die Technik sollte unsichtbar sein. Wenn wir die Technik in unseren Schulen in den Vordergrund stellen, verfehlen wir das Ziel. Wir sollten das Lernen in den Vordergrund stellen, das durch die Technik ermöglicht wird. Inhalte und Kompetenzen müssen an erster Stelle stehen.[205]

Angesichts der vielen Wege, über die Technik für Bildung hilfreich sein kann, ist es wichtig, sich daran zu erinnern, dass sie weder das Allheilmittel noch der Untergang für die Bildung ist. Technik ist kein Selbstzweck. Sie ist ein Satz von nützlichen Werkzeugen, um die Unterrichtserfahrung und das Lernen für Schülerinnen und Schüler zu verbessern.

Ein Beispiel: Wenn eine Schülerin oder ein Schüler während der Bearbeitung von Matheaufgaben nicht immer auch gleichzeitig sinnbildend arbeitet, wird ein Computer seine fehlenden Fähigkeiten bloß verdecken und verschlimmern. Die Schülerin oder der Schüler könnte mit einem bloß oberflächlichen Verständnis des Konzeptes zurechtkommen, indem nur die die Technik genutzt wird, um das Fehlen seines tieferen Verständnisses zu verdecken. Technik kann für dasselbe Problem auch Lösungen bieten. Beispielsweise gibt es den QAMA-Rechner,[206] bei dem Schülerinnen und Schüler zunächst eine korrekte Schätzung des Ergebnisses eingeben müssen, bevor sie das exakte Ergebnis angezeigt bekommen. [207] Technik kann also ein Werkzeug sein, durch das

---

[205] P. Nilsson: "The Challenge of Innovation," *Critical Thinking and Creativity: Learning Outside the Box Conference*. Bilkent University (2011).
[206] QAMA, http://qamacalculator.com
[207] „Wie nahe dran ist ausreichend nahe" macht bei den Algorithmen dieses Rechners das Salz in der Suppe aus.

oberflächlicheres Verständnis befördert wird, aber auch ein Werkzeug für die Entwicklung von vertieftem Verständnis.

Eine Stärke der Technik besteht in der Rechenleistung. Schülerinnen und Schüler können lernen, diese zu ihrem Vorteil zu nutzen, um viel mehr Algorithmen und Daten zu verarbeiten, als sie es von Hand könnten. Auf diese Weise kann Technik Räume und Zeiten freiräumen, in denen Lernende ihre höheren Denkfähigkeiten üben und verbessern können. Beispielsweise kann Software genutzt werden, um komplexe mathematische Aufgaben zu lösen, die Daten und Programme aus dem echten Leben beinhalten. Das macht den entscheidenden Unterschied zwischen Matheunterricht, den man als *computer-assisted* und dem, den man als *computer-based* [208] einordnet. *Computer-assisted* bedeutet, man nutzt Technik nicht zur Verbesserung des Lernens, sondern überträgt einfach traditionelles Lernen auf ein Computer-Interface. Beim Lernen, das *computer-based* ist, werden Computer dagegen als Werkzeuge eingesetzt, mit denen Schülerinnen und Schüler ihre höheren Denkfähigkeiten ausbilden.

Ein weiterer Vorteil der digitalen Medien besteht darin, dass sie weltweite Ressourcen und verschiedenste Ideen in unglaublichem Umfang für Lernende zugänglich macht. Schülerinnen und Schüler müssen lernen, Informationen aus einer Welt, in der jede denkbare Meinung vertreten wird, kritisch einzuordnen. Was bedeutet es, dass der eine Blogger diese Studie in diese Richtung interpretiert und ein anderer Blogger in eine andere Richtung? Was bedeutet es, wenn die eine Studie etwas für richtig und eine andere Studie es für falsch befindet? Schülerinnen und Schüler müssen gute Faustregeln entwickeln, um in einer Umgebung, die so reich an Informationen und Meinungen ist, zurechtzukommen. (Dies ist das Ziel von Informationskompetenz, wie sie weiter oben beschrieben wird.)

---

[208] Computer-based math, www.computerbasedmath.org

Durch digitale Medien entstehen auch Möglichkeiten, Schülerinnen und Schüler mit Menschen aus aller Welt zu verbinden. Es ist noch nicht allzu lange her, dass Brieffreundschaften umfangreiche logistische Planungen beanspruchten und darauf beschränkt waren, Briefe mit langer Verzögerung hin- und herzuschicken. Heute haben wir die Möglichkeit, uns augenblicklich mit Menschen zu verbinden, die ähnliche Interessen wie wir haben oder mit denen wir nicht einer Meinung sind oder die anders sind als wir. Dadurch entstehen wunderbare Gelegenheiten für das Lernen über andere Kulturen, über uns selbst und über Kommunikation, Kooperation, kritisches Denken und Kreativität – also die Fähigkeiten, die es für die vernetzte Welt braucht.

Und schließlich haben die digitalen Medien das Potenzial, sich individuell an die Bedürfnisse jedes Lernenden anzupassen, auch wenn es noch Zeit brauchen wird, um diese Möglichkeiten in vollem Umfang auszuschöpfen. In der Zukunft werden digitale Medien sich an die Handlungen einer Schülerin oder eines Schülers anpassen und von ihnen lernen können, genau wie sie auch neueste Forschungsergebnisse, Lerntheorien und mögliche Pfade für individuelles Lernen berücksichtigen können. Auf diese Weise können sie den Lernenden Feedback im optimalen Umfang bieten, die passenden Schwierigkeitsgrade für Aufgaben wählen und Lehrende signalisieren, welche Unterstützung eine Schülerin oder ein Schüler gerade am meisten braucht. Lernen kann immersiv und spannend wie in Computerspielen und Virtual-Reality-Umgebungen sein, wo das Erleben von Autonomie, das Ziel der Meisterschaft und ein höherer Zweck als Motivation dienen. Der Lernfortschritt kann durch eine vollkommene Integration von Kontrolle und Lernen verfolgt werden, wobei die Lernerfahrung formativ gesteuert, die notwendigen Veränderungen in Echtzeit im Lernangebot umgesetzt und die Lernfortschritte kontinuierlich angepasst werden.

Kapitel 8 – Abschließende Gedanken

Bildung, Evidenz und Handeln

Einige mögen argumentieren, dass es noch nicht ausreichend wissenschaftliche Belege gibt, dass alle Dimensionen und Elemente aus dem Framework, das in diesem Buch vorgestellt wird, auch wirklich nützlich für die Menschheit wären, wenn sie im Unterricht gut umgesetzt werden würden. Schließlich hat die Wissenschaft das noch nicht zweifelsfrei bewiesen.

Es besteht die Gefahr, dass man hinsichtlich wissenschaftlicher Erkenntnis einer falschen Dichotomie anhängt: Entweder sei etwas wissenschaftlich zu 100 Prozent als Wahrheit bewiesen – oder wir könnten zum derzeitigen Zeitpunkt gar nichts darüber sagen. Selbst gut etablierte wissenschaftliche Theorien wie zum Beispiel die Evolution leiden gegenwärtig unter einer solchen falschen Kritik. Manche Menschen glauben, wenn etwas noch nicht „völlig bewiesen" ist, könne man das gleichsetzen mit „als falsch erwiesen".

Wir sind davon überzeugt, dass jeder von uns in der Verantwortung steht, das Bestmögliche bei der Gestaltung unseres Bildungswesens zu tun, selbst angesichts von Unsicherheiten. Eine der Ursachen für die Unvollständigkeit der Belege liegt darin, dass die erweiterten Bildungsziele und Maßstäbe für sozialen Fortschritt schwieriger zu evaluieren sind als auswendig gelernte Inhalte oder sehr grundlegende Fähigkeiten wie Grundrechenarten. Aber dennoch sind wir überzeugt, dass ein Curriculum nicht davon bestimmt sein sollte, wie leicht oder schwierig die verschiedenen Resultate zu messen sind. Wir wollen den

Straßenlampeneffekt vermeiden – Wahrnehmungsverzerrungen, aufgrund derer man nur dort nach Antworten sucht, wo man sie zu finden erwartet. [209] Wir sind aus diesem Grund bewusst von praktischen Vorstellungen dessen ausgegangen, was die Welt braucht und welche Bildungsziele dazu passen, und haben daraus ein Framework für die notwendige Bildung zusammengesetzt, anstatt eines kleinteiligen Ausbaus der Bildung, die wir gegenwärtig haben.

In der Realität bewegen sich Wissenschaftlerinnen und Wissenschaftler ständig zwischen mal stärkerer und mal geringerer Unsicherheit. Entscheidungsträger müssen oft handeln, ohne dass es 100-prozentige Nachweise gibt. Das echte Leben funktioniert selten mit absoluten Klarheiten. Wir müssen im Kopf behalten, dass es auch eine Handlung ist, nicht zu handeln, wenn wir uns entscheiden, das gegenwärtige Bildungssystem nicht zu ändern, also eine Entscheidung treffen, von der wir mit großer Sicherheit sagen können, dass sie die bestehenden Probleme noch verfestigt. Das gegenwärtige System verfehlt das ehrgeizige Ziel, alle Schülerinnen und Schüler für Erfolg im 21. Jahrhundert vorzubereiten. Und die Lücke zwischen dem, was Schülerinnen und Schüler brauchen und was sie in Schulen bekommen, schließt sich nicht schnell genug. Aufgrund eines falschen Standards von absoluten wissenschaftlichen Nachweisen an der Verbesserung des Systems zu scheitern – das ist keine gangbare Option.

---

[209] Der Straßenlampeneffekt (*Streetlight effect*) als Begriff beruht auf der folgenden Geschichte: Ein Polizist geht nachts an einer Kneipe vorbei und sieht davor einen betrunkenen Mann, der bei einem Laternenpfahl auf dem Boden kriecht. „Was suchen Sie?", fragt der Polizist den Betrunkenen. „Ich suche meine Schlüssel", antwortet der Mann. „Ich habe sie irgendwo hier verloren." „Ich helfe Ihnen", sagt der Polizist. Zusammen suchen sie im Schein der Straßenlaterne, finden aber die Schlüssel nicht. „Sind Sie sicher, dass Sie die Schlüssel an dieser Stelle verloren haben?", fragt der Polizist. „Nein, da bin ich gar nicht sicher", antwortet der Mann. „Ich könnte sie wohl dort drüben verloren haben." „Aber warum suchen Sie dann nicht dort, sondern hier?", fragt der Polizist. Und der Betrunkene antwortet: „Da drüben ist es zu dunkel, hier ist mehr Licht."

Außerdem sollten die gegenwärtigen Bildungssysteme hinsichtlich wissenschaftlicher Nachweise keinen Freifahrtschein erhalten. Bei kritischer Überprüfung finden sich zahlreiche Forschungsergebnisse, die die Unzulänglichkeiten der existierenden Bildungssysteme belegen. Selbst bei Schülerinnen und Schülern, die innerhalb des existierenden Systems erfolgreich sind, ist nicht klar, ob sie nicht in einem anderen System noch stärker profitieren können.

Conrad Wolfram unterscheidet zwischen innovationsgeführter Evidenz (*innovation-led evidence*) und evidenzgeführter Innovation (*evidence-led innovation*). Beim ersten Ansatz wird ein Produkt zunächst hergestellt und dann auf seine Tauglichkeit hin getestet. Beim zweiten Ansatz baut jedes neue Produkt auf formalen Erkenntnissen auf, die aus Vorgänger-Produkten gewonnen wurden.[210] Der erste Ansatz, glaubt Wolfram, ist viel produktiver, auch wenn die Ergebnisse selbstverständlich immer überprüft werden müssen. Vom zweiten Ansatz nimmt Wolfram an, dass er grundlegende Innovation ausschließt, weil Produkte auf den Raum beschränkt werden, der vorher schon da war.

Noch wichtiger: Wir bekommen immer mehr Belege aus immer mehr Schulen und Schul-Netzwerken, dass die Übernahme der neuen Lernziele, Lehrpläne und Methoden zur Lernkontrolle tatsächlich einen großen positiven Unterschied für das Leben der Schülerinnen und Schüler ausmacht. Die Deeper Learning Initiative der Hewlett Foundation[211] zeigt durch ihre Forschung an mehr als 500 Schulen, dass es starke Belege dafür gibt, dass alle Schülerinnen und Schüler erfolgreicher sein können, wenn sie Gelegenheiten bekommen, eine große Reihe von Kompetenzen zu entwickeln, die einen Teil der CCR-Frameworks ausmachen. Laut eines

---

[210] Conrad Wolfram, www.conradwolfram.com/home/2015/5/21/role-of-evidence-in-education-innovation
[211] Hewlett Foundation's Deeper Learning Initiative, http://www.hewlett.org/programs/education/deeper-learning

neuen Berichts des American Institute of Research gibt es überwältigende Belege, dass

> „Schülerinnen und Schüler in High Schools, die Teil der Netzwerke waren, die mit der *Community of Practice für Deeper Learning* der William and Flora Hewlett Foundation verbunden waren, nach mehreren Maßstäben bessere Leistungen als Lernende in vergleichbaren Schulen erzielen. Dazu gehören Testergebnisse, interpersonale und intrapersonale Kompetenzen, planmäßig Abschlüsse an der High School und Übergänge zum College."[212]

Wir können es besser als in unserem gegenwärtigen System. Wir müssen alle Erfahrungen, die wir gewonnen haben, zusammenführen, aus ihnen lernen und dann einen gut überlegten Sprung nach vorne machen, um innovativ zu handeln.

Gesellschaftliches Meta-Lernen

Betrachtet man alles, was hier vorgestellt wurde, als Gesamtbild, könnte man sagen, dass wir uns alle, gemeinsam mit unseren Gesellschaften, in einem riesigen Prozess des Meta-Lernens befinden. Wir stellen unsere Lernziele und -strategien auf den Prüfstand, beobachten und reflektieren kontinuierlich unsere Fortschritte und Rückschläge, lernen ständig aus unseren Erfahrungen und erproben dabei neue Technologien – alles, um Bildung für unsere Zeit neu zu gestalten.

Dieses Buch ist ein Schritt in diese Richtung. Wir haben die Herausforderungen zusammengefasst, denen unsere Welt im 21. Jahrhundert gegenübersteht, und unsere besten Empfehlungen für die

---

[212] American Institute of Research Report, "Deeper Learning," August 2015, http://educationpolicy.air.org/publications/deeper-learning-improving-student-outcomes-college-career-and-civic-life

Bildungsziele gegeben, die diesen zukünftigen Herausforderungen am besten gerecht werden. Das sind die Dimensionen unseres Frameworks für Bildung im 21. Jahrhundert.

Wir freuen uns auf Ihr Feedback über Soziale Netzwerke und Kommentare auf der Website zum Buch, die wir in Aktualisierungen dieses Werks einarbeiten wollen. Wir wollen Hilfe anbieten, wo sie gebraucht wird, um auf Basis der gewonnenen Erkenntnisse zu handeln und Innovationen voranzutreiben. Wir verwenden ein in der Einleitung beschriebenes Verbreitungsmodell, das dem evolutionären Ansatz zur Co-Neugestaltung des Curriculums entspricht.

Wir können uns keine größere Herausforderung und keine spannendere Reise vorstellen, als bei der Neugestaltung von Bildungszielen und Lernerfahrungen zu helfen, die alle Schülerinnen und Schüler auf ihre Zukunft vorbereiten und sie dazu befähigen, eine bessere Zukunft für uns alle zu schaffen. Wir haben die Hoffnung, dass Sie unsere Begeisterung teilen und mit uns an diesem Abenteuer teilnehmen wollen, das mit einer ganz einfachen Frage begann: *Was müssen Schülerinnen und Schüler für das 21. Jahrhundert lernen?*

Anhang

Herleitung der Begrifflichkeiten

Was gilt es für eine korrekte Taxonomie zu beachten? Bei der Entwicklung der übergeordneten Begriffe hat CCR die folgende Logik verwendet:

- Ist der Begriff für Nicht-Bildungs-Experinnen und -Experten verständlich?
- Ist der Begriff für Nicht-Muttersprachler verständlich?
- Bezeichnet der Begriff so treffend wie möglich die erforderliche Handlung?
- Liegt der Begriff auf der richtigen Abstraktionsebene?

Über dieses Verfahren hat CCR die Begriffe so ausgewählt, wie in Tabelle A1.1 dargestellt.[213]

---

[213] Anmerkungen des Übersetzers

Im Folgenden finden sich einige Überlegungen für die (Nicht-)Übersetzung zentraler Begriffe für die deutschsprachige Fassung dieses Buches:

- Im englischsprachigen Original wird der Begriff *competencies* nicht explizit thematisiert. Da *Kompetenzen* in deutschsprachigen Bildungsdebatten kontrovers diskutiert werden, soll für die Übersetzung festgehalten werden: In diesem Buch wird *competencies / Kompetenzen* meist als *übergeordneter* Begriff im Sinne von *Ausprägungen des Könnens* genutzt. Damit ist keine Abgrenzung gegenüber alternativen Begriffen wie „Fähigkeiten" oder „Qualifikationen" intendiert.
- Kompetenzen wird insbesondere als übergreifende Kategorie im umfassenden CCR-Framework genutzt (vgl. Tabelle 2.3).
- Da *Skills* von den Autoren bewusst mit einer sehr spezifischen Bedeutung – dem Fokus die 4Ks – genutzt wird, wird *Skills* auch für die deutschsprachige Fassung genutzt.
- Der Begriff *Assessments* wird nicht übersetzt, da im Deutschen ein adäquater Sammelbegriff nicht existiert.

Auch *Deep Learning* wird nicht übersetzt, da der Begriff in deutschsprachigen Fachdebatten bisher nur selten und wenn, dann meist mit dem englischen Terminus benutzt wird.

Englisches Original

Possible Words	CCR's Choice	Logic
Subjects, Contents, Disciplines, Knowledge; Understanding	Knowledge	Subjects are what constitute Content Content is a subset of Knowledge Disciplines are branches of Knowledge Understanding is the resulting goal, and "Understandings" ist clumsy and has diverse meaning
21st Century Skills; Higher Order Thinking Skills	Skills	The word "Skills" is widely understood as "using knowledge", but is vastly overused in varied contexts, from multiplication tables to entrepreneurship. CCR uses it to describe the "4 C" skills only.
Character, Agency, Aptitudes, Attitudes, Attributes, Behaviors, Compass, Dispositions, Personality, Temperament, Values, Social & Emotional Skills	Character	No single word satifies everyone. Character is used most often in countries, particulary Asia where it is less politically charged than in the US/UK. Character is understandable. by even the non-specialist. All the other termes each have their limits and biased understandings. "Social & emotional skills" is too lang, academic sounding, and „skills" is confusing.
Metacognition, Learn how to learn, Reflection, Self-directed learning	Meta-Learning	To imply "the process by which learners become aware of and increasingly in control of habits of perception, inquiry, learning, and growth that they have internalize." Seperating this into a fourth dimension, as difficult as it is, allows for extra focus rather than subsuming unders skills, given the importance of this dimension. "Metacognition" is overly technical and may be confusing in other languages. Meta-Learning captures the placement of this level as adding depth and effectiveness of the other three dimensions, and reflection and adaption of one's learning methods and outcomes.

Deutsche Übersetzung

Mögliche Worte	Wahl von CCR	Begründung
Fächer; Inhalte; Themenfelder / Disziplinen; Wissen; Verständnis / Verstehen	**Wissen**	Fächer konstituieren Inhalte Inhalte sind eine Teilmenge von Wissen Themenfelder / Disziplinen sind Wissenszweige Verständnis bzw. Verstehen ist mehrdeutig und bezeichnet nicht den Gegenstand, sondern das angestrebte Ergebnis
21st Century Skills, Higher Order Thinking Skills]	**Skills**	Unter dem Begriff „Skills" wird im Allgemeinen die „Anwendung von Wissen" verstanden. Er wird aber stark überstrapaziert, in verschiedenen Kontexten vom Einmaleins bis zu Entrepreneurship. CCR nutzt den Begriff ausschließlich in Bezug auf die „4K-Skills".[214]
Charakter, Agency / Haltung, Handlungsbereitschaft, Verhaltensweisen / Neigungen, Einstellungen, Verhalten, Ausrichtungen, Dispositionen, Persönlichkeit, Temperament, Werte, soziale und emotionale Fähigkeiten	**Charakter/ Charaktereigenschaften**	Kein Begriff wird Jeden zufriedenstellen. „Charakter" wird in den meisten Ländern benutzt, insbesondere in Asien, wo es weniger politisch aufgeladen ist als in USA oder Großbritannien „Charakter" ist verständlich, auch für Laien. Jeder der Begriffe hat seine jeweiligen Grenzen und einen bestimmten Beiklang. „Soziale und emotionale Fähigkeiten" ist zu lang, klingt akademisch und das „Fähigkeiten" darin irritiert (in Abgrenzung zur zweiten Dimension „Skills").

---

[214] Der Begriff „Higher Order Thinking Skills" wird in der US-amerikanischen Bildungsdebatte viel stärker als in Deutschland diskutiert. Das Konzept wird jedoch auch in Deutschland implizit genutzt, etwa über das 4K-Modell oder die Bloomsche Taxonomie. [Anm. d. Übersetzers]

189

Metakognition, Lernen (zu) lernen, Reflexion, Selbstgesteuertes Lernen	Meta-Lernen	Der Begriff schließt an folgende Definition an: „der Prozess, durch den Lernende Bewusstsein und zunehmende Kontrolle über internalisierte Gewohnheiten hinsichtlich Wahrnehmung, Forschungshaltung, Lernen und Entwicklung erhalten" [215] Durch die Aufteilung in eine vierte Dimension gewinnt das Thema (bei allen Schwierigkeiten) die zusätzliche Aufmerksamkeit, die angesichts seiner Bedeutung notwendig ist und verloren gehen würde, wenn es als Teil der zweiten Dimension „Skills" subsumiert würde. „Metakognition" klingt übermäßig technisch und kann in manchen Sprachen verwirrend sein. Meta-Lernen passt zu der Einordnung dieser Ebene zum einen als Ergänzung der drei anderen Dimensionen durch mehr Tiefe und Wirksamkeit. Es passt auch zur inhaltlichen Ausrichtung auf Reflexion und Anpassung der eigenen Lernmethoden und -ergebnisse.

Tabelle A1.1: Die CCR Taxonomie, Quelle: CCR

Über das CCR

Bildungsstandards neu gestalten

Das Center for Curriculum Redesign (CCR) ist ein internationales Gremium und Forschungscenter, das danach strebt, die Möglichkeiten der Menschheit zu vergrößern und den gemeinsamen Wohlstand zu verbessern, indem es die Standards für die schulische Bildung (K-12) für das 21. Jahrhundert neugestaltet. CCR bringt Akteure mit unterschiedlichen Sichtweisen zusammen (internationale Organisationen, Staaten, akademische Institutionen, Unternehmen und Non-Profit-Organisationen, insbesondere Stiftungen). Gemeinsam arbeiten sie an Überlegungen und Antworten auf die Frage: „Was sollten Schülerinnen und Schüler für das 21. Jahrhundert lernen?"

Die Leitlinien des CCR

und auf optimale Klarheit und Wirkung hin neu organisiert.
Eine nachhaltige Menschheit – in der das kollektive Potenzial wächst und der gemeinsame Wohlstand sich erhöht – setzt sich aus vielen sozialen, ökonomischen und ökologischen Faktoren zusammen. Die Schlüsselrolle spielt dabei eine entsprechend ausgerichtete Bildung, die auf ein bedeutsames Curriculum aufgebaut ist. Sie ist entscheidend für das Entstehen von Nachhaltigkeit, Gleichgewicht und Wohlergehen.

Während Lehrmethoden und didaktischen Fragen große Aufmerksamkeit gewidmet wird, argumentiert das CCR, dass das *WAS* der schulischen Bildung (*K–12*) mindestens genauso wichtig wie das *WIE* ist. Dieses *WAS* steht daher im alleinigen Fokus des CCR.

Dieses *WAS* für Bildung für das 21. Jahrhundert muss das sich beschleunigende Tempo der Veränderungen um uns herum und die

Verschiebungen von gesellschaftlichen und individuellen Bedürfnissen berücksichtigen. Das Curriculum muss dem Leben dienen, das heutige Kinder führen werden. Es muss entsprechend angepasst werden.

Damit wir in der Lage sind, ein bedeutsames WAS zu entwickeln, braucht es Offenheit für unterschiedliche Perspektiven. Aus diesem Grund vermeidet das CCR Dogmen und setzt auf Innovationen und Synthese. Zahlreiche Inputs werden mit einbezogen

Wir können – und werden – die Zukunft gestalten, die wir wollen.

Konzentration auf das *Was*

Exponentielle technologische Veränderungen erlauben keine spezifischen Vorhersagen über die Zukunft, aber eine Sache lässt sich mit Sicherheit sagen: Wir müssen unsere Kinder darauf vorbereiten, mit größerer Komplexität zurechtzukommen als jemals zuvor. Die letzte größere Curriculumsreform gab es Ende des 19. Jahrhundert – auch damals eine Zeit von sich rasant ändernden Anforderungen. Im (bereits vorgerückten) 21. Jahrhundert können wir es uns schlechterdings nicht leisten, auf ein Curriculum des 19. Jahrhunderts aufzubauen. Im Gegenteil: Wir können keine gute Zukunft für unsere Kinder erwarten, solange wir nicht unser Curriculum gründlich auf den Prüfstand stellen, neu gestalten und in die Praxis umsetzen – ein Curriculum, das auf die Anforderungen des 21. Jahrhunderts ausgerichtet, gut ausbalanciert und flexibel ist. Für eine gute Zukunft muss man flexibel, vielseitig und wandlungsfähig sein.

Mit der Neugestaltung eines Curriculum-Frameworks, ausgerichtet auf Flexibilität, Vielseitigkeit und Wandlungsfähigkeit erreichen wir zwei Hauptziele:

1. Wir verbessern die Chancen für den Einzelnen auf Erfolg und Erfüllung in persönlicher und beruflicher Hinsicht.

2. Wir bieten eine gemeinsame Grundlage für das gegenseitige Verstehen und die Fähigkeit zum Teilhaben an der Gesellschaft, für eine nachhaltige Menschheit.

Die Arbeit des CCR

Das Center for Curriculum Redesign ist nicht ein Programm oder eine Intervention. Die Mitarbeitenden und Partner des CCR verfolgen für ihre Arbeit einen ganzheitlichen Ansatz und suchen aktiv den Austausch mit Entscheidungsträgern aus Politik und Verwaltung, Entwicklern von Standards, Lehrplänen und Lernkontrollen, Abteilungs- und Schulleitungen, Schlüsselpersonen in Lehrendenkollegien sowie weiteren Vordenkern und Influencern. Ziel ist es, ein gründliches Verständnis der gegenwärtigen Bedürfnisse und Herausforderungen aller Stakeholder im Bildungswesen zu entwickeln. Dies ist von zentraler Bedeutung, wenn es um die Erarbeitung einer Vision von sinnvoller und relevanter Bildung für das 21. Jahrhundert und die Möglichkeiten zur praktischen Umsetzung geht.

Forschung, Ergebnisse und Empfehlungen der Organisation werden aktiv über viele verschiedene Kanäle verbreitet: von CCR geförderte Konferenzen und Seminare, aktive Webpräsenz und Social Media, Beratungsaufträge und Vorträge. Ein Online-Video fasst die Perspektive von CCR zusammen und kann frei verbreitet werden.[215]

---

[215] Das Video findet sich bei YouTube unter: https://youtu.be/n7dgWnPIENU

Das CCR Assessment Research Consortium

Wozu ein Assessment Research Consortium?

Mit der Entwicklung eines neuen Frameworks und breiter angelegter Bildungsziele wird ein erweitertes Paket von Maßnahmen notwendig, mit denen der Fortschritt auf dem Weg zu diesen Zielen verfolgt wird. In anderen aufkommenden Feldern und Wirtschaftszweigen ist es verbreitet, dass neue Standards für das Messen, die Evaluation und die Kontrolle von Fortschritten durch ein vor-wettbewerbliches, auf Zusammenarbeit ausgerichtetes Konsortium von Organisationen und Expertinnen und Experten entwickelt werden. Diese ebnen gemeinsam das neue Spielfeld für Wissenschaft, hohe Standards und wirksame Praktiken, die dem Wohle aller Beteiligten dienen.

Gegenwärtig gibt es auf der ganzen Welt verteilt zahlreiche Anstrengungen zur Neugestaltung von Assessments. Diese stehen aber unverbunden nebeneinander, so dass keine kritische Größe erreicht und der Fortschritt ausgebremst wird. Vergleichbar mit anderen Branchen wie Halbleiter-Entwicklung, Biotechnologie und vielen anderen zielt dieses Konsortium darauf ab, die vielen verteilten Forschungsvorhaben aufeinander abzustimmen und eine kritische Masse hinter diesen komplexen Forschungsanstrengungen zu versammeln, indem Kosten und Ergebnisse auf einer vor-wettbewerblichen Basis miteinander geteilt werden.

Sobald Grundlagenforschung, Standards und beispielhafte Praktiken fest etabliert und von allen Mitgliedern des Konsortiums geteilt sind, kommt die Zeit, tausend innovative Blumen blühen zu lassen, sowohl kollaborativ wie auch kompetitiv auf dem globalen Markt für Dienstleistungen und Produkte.

Ziel eines Assessment-Konsortiums ist es, ein kollektives Feld für neuartige Systeme zur Messung des Lernfortschritts bei Schülerinnen und Schülern, Schulklassen, Schulen, Verwaltungseinheiten, auf kommunaler und Länderebene, national und international zu schaffen, das im Einklang mit den globalen Zielen für das 21. Jahrhundert und den angestrebten Bildungsergebnissen steht.

Wie wird das Assessment Research Consortium arbeiten?

Führungskräfte aus Regierungen, dem privaten Sektor, Wissenschaft und Non-Profit-Organisationen sind eingeladen, dem Consortium beizutreten. Das Consortium wird gemeinsam die zentralen Forschungsprojekte beaufsichtigen, mit denen Kontrollen (*assessments*) *für* und *als* Lernen bestimmt werden. Dies orientiert sich an den vier Dimensionen des CCR-Frameworks: Wissen, Fähigkeiten, Charakter und Meta-Lernen.

Kontrolle des Lernens	Kontrolle für das Lernen	Kontrolle als Lernen
als standardisierte, psychometrisch fundierte Tests oder andere Werkzeuge zur Messung, ob Schülerinnen und Schüler Wissen, Fähigkeiten und andere Kompetenzen entwickelt haben; im Vergleich mit etablierten Standards, Benchmarks und Lernzielen; zum Zweck der Rechenschaft, Evaluation oder Forschung * Beispiel: US NAEP Test[216]	als formative und (in Portfolio-Form) summative Methoden für Erkenntnisse ... • zu Lernfortschritten der Schülerinnen und Schüler während der Arbeit und bei anwendungsorientierten Aufgaben; • zu neuen Lernbedürfnissen, sobald diese sich ergeben; • zu Gelegenheiten zur Überarbeitung von Arbeiten und Verbesserung von Kompetenzen * Beispiel: Leistungsaufgaben	als überwiegend formative, bedeutsame Lernaufgaben mit eingebauten Kontrollen, die sofortige Rückmeldung als Teil des laufenden Lernprozesses bieten; mit schrittweise steigenden Anforderungen zwecks zunehmendem Können; mit Feedback in vielen verschiedenen Formen * Beispiel: Online-Lernspiel

Tabelle App-1: Lernen und Kontrolle

---

[216] Anm. d. Übersetzers: Das *National Assessment of Educational Progress (NAEP)* ist ein nationales Programm in den USA, über das Leistungen der Schülerinnen und Schüler erhoben und verglichen werden. Vergleichbare Schulleistungsuntersuchungen in Deutschland sind vor allem in Form von internationalen Studien wie PISA, TIMSS oder IGLU bekannt.

Das Konsortium verfolgt das Ziel, fortschrittlichste Empfehlungen zu Assessments für die zwölf Kompetenzen aus dem Framework zu erarbeiten. Angesicht der Dringlichkeit, Bildung mit den Anforderungen des 21. Jahrhunderts in Einklang zu bringen, hat das Konsortium sich vorgenommen, die Empfehlungen innerhalb von drei bis fünf Jahren abzuschließen und sich für eine rasche Übernahme einzusetzen.

Über die Autoren

Charles Fadel ist globaler Bildungsexperte- und -vordenker, Futurist und Erfinder, Gründer und Vorstand des Center for Curriculum Redesign. Er ist Visiting Scholar an der Harvard Graduate School of Education, Vorsitzender des Education Committee von BIAC/OECD, Co-Autor des Bestsellers *21st Century Skills*, Gründer und Präsident der Foundation Helvetica Educatio (Genf, Schweiz), Senior Fellow im Bereich Humankapital bei The Conference Board und Senior Fellow bei P21.org. Er hat mit Bildungssystemen und -institutionen in mehr als 30 Ländern zusammengearbeitet. Vormals war er Global Education Lead bei Cisco Systems, Visiting Scholar an der Experimental Study Group am Massachusetts Institute of Technology (MIT ESG) und im Chief Learning Officer (CLO) Programm der University of Pennsylvania (UPENN) und Business Angel bei Beacon Angels. Er ist Inhaber eines Bachelor of Science in Electrical Engineering (BSEE), eines Masters of Business Administration (MBA) und von fünf Patenten.

Charles' vollständige Biographie findet sich unter http://curriculumredesign.org/about/team/#charles

Maya Bialik ist Autorin, Herausgeberin und Forschungskoordinatorin am CCR. Sie arbeitet leidenschaftlich für die richtige Interpretation und Anwendung von wissenschaftlichen Ergebnissen auf individueller und politischer Ebene. Sie ist auch Mitbegründerin und Co-Direktorin von The People's Science, eine Non-Profit-Organisation, die für eine bessere Beziehung zwischen Wissenschaft und Gesellschaft arbeitet. Sie leitet Workshops zu Wissenschaftskommunikation, Improvisation und Interdisziplinarität. Maya hat einen Harvard-Masterabschluss in Mind, Brain & Education. Zu ihrem Hintergrund zählen Forschung und Publikation zu komplexen Systemen, Bildung, Umweltwissenschaft, Psychologie, Neurowissenschaften und Linguistik. Auf Twitter ist sie @mayabialik.

Bernie Trilling ist Gründer und CEO von 21st Century Learning Advisors und war vormals Global Director der Oracle Education Foundation. Er war Vorstandsmitglied der Partnership for 21st Century Learning (P21) und Co-Vorsitzender der Arbeitsgruppe, die das P21 rainbow-learning framework entwickelt hat. Derzeit ist er ein Senior Fellow bei P21 und beim American Leadership Forum.

Er war Direktor der Technology In Education Group von WestEd (einem US-amerikanischen Bildungslabor), Executive Producer for Instruction bei Hewlett-Packard Company, wo er Pionierarbeiten für ein globales, interaktives Fernlehre-Netzwerk mitverantwortete.

Bernie Trilling ist Co-Autor von *21st Century Skills. Learning for Life in Our Times* und hat Kapitel für Bücher wie *Deeper Learning: Beyond 21st Century Skills* beigesteuert. Er wurde zu zahlreichen Bildungskonferenzen als Redner und Workshopleiter eingeladen.

Übersetzer

Jöran Muuß-Merholz (Übersetzung ins Deutsche) ist Diplom-Pädagoge und Inhaber der Bildungsagentur *J&K – Jöran und Konsorten*. Der Schwerpunkt seiner Arbeit liegt auf der Verbindung von Lernformaten für das 21. Jahrhundert und Medien des 21. Jahrhunderts. Jöran podcastet und bloggt auf www.joeran.de, schreibt für Fach- und Publikumsmedien und spricht auf Konferenzen in aller Welt.

Widmungen und Danksagungen

Von Charles

An die unzähligen Menschen, die nach einem erfüllten Leben streben – Ihr seid mein innerer Antrieb, danke!

An (in alphabetischer Reihenfolge): Aline, Carole und Nathalie für ihre und mit all meiner Liebe.

An (in alphabetischer Reihenfolge): John Abele, Randa Grob-Zakhary, Henri Moser und Attilio Oliva für ihr Vertrauen und ihre liebevolle Begleitung.

Für Onkel Marcel, Tante Elisabeth und Cousin Michael in Lörrach sowie Cousine Claudia in Buchs – mit einem besonderen Gedanken an Niels, mein Patenkind.

An meine wunderbaren Co-Autoren für ihre große Geduld und zahlreiche fachliche Beiträge.

Möge eine nachhaltige Menschheit durch gebildete Menschen entstehen.

Von Maya

An die Hunderte Millionen Lernenden, die einen bedeutsamen Teil ihrer Kindheit in den formalen Bildungsinstitutionen dieser Welt verbringen – auf dass diese Arbeit ihre Erfahrungen dort verbessern mögen!

An meinen Vater, der sein ganzes Leben dafür gearbeitet hat, mir die besten Bildungschancen zu ermöglichen und mich zusätzlich noch geduldig mit unzähligen Stunden Einzelunterricht unterrichtet hat, so dass jeder Moment eine Lerngelegenheit für mich war. Er hat meine Entscheidungen immer unterstützt, wenn sie mir zu Wachstum und Verbesserung verholfen haben.

Und an meine Schwester, die mein erstes Lernexperiment darstellte – als jüngere Zwillingsschwester. Du bist großartig!

Von Bernie

Für die Freude am Lernen!

An alle, die kleine Funken erzeugen, aus denen lebenslange Abenteuer entstehen. Danke dafür, Ihr dabei helft, dass Träume wahr werden und dass die Welt für uns alle ein glücklicherer Ort wird.

Die Autorinnen und Autoren möchten den folgenden Personen danken, die mit ihren Erkenntnissen, Ideen und Beiträgen zu diesem Buch und der Arbeit von CCR beitragen (in alphabetischer Reihenfolge nach Nachnamen):

John Abele, Peter Bishop, Michele Bruniges, Jennifer Chidsey, Jillian Darwish, Keri Facer, Devin Fidler, Kurt Fisher, Jennifer Groff, Ellen Hambrook, Dan Hoffman, Michaela Horvathova, Myra LalDin, Christine Lee, SaeYun Lee, Doug Lynch, Tony Mackay, Riel Miller, Rick Miller, Marco Morales, Peter Nilsson, Melissa Panchuck, Ignacio Peña, Robert Plotkin, Didier Raboud, Todd Rose, Courtney Ross, Andreas Schleicher, Dirk Van Damme, Erja Vitikka, Jim Wynn und viele andere – ganz besonders alle Reviewer aus dem Abschnitt „Praises" und das Team von „Education 2030" bei der OECD.

Von Jöran Muuß Merholz (Übersetzer)

Dank für die deutsche Fassung an Gabi Fahrenkrog für die technische Umsetzung und das Review sowie den Reviewerinnen Hannah Birr, Sonja Borski, Guido Brombach, Markus Deimann, Monika Fischer, Karoline Oakes, Lisa Rosa, Friederike Siller, Philippe Wampfler und vor allem Frauke Pohl.

Praise for Four-Dimensional-Education

From International Organizations

„*Four-Dimensional Education* provides a rare and profound strategic conversation about education. By questioning the often-unstated and dated consensus about what young people learn at school, the authors make explicit the systemic boundaries that shape what is learned. Drawing the analytical lines around what is learned can be seen as an invitation to stay within the existing borders or as a challenge to step outside by imagining systemically different goals and organization of learning. *Four-Dimensional Education* encourages both kinds of innovative thinking.“
—Riel Miller, Head of Futures

UNESCO

„The content of any nation's curriculum defines its values and reflects its hopes for future generations. In focussing on the 'what' of curriculum design, **Four-Dimensional Education provides a rich and practical provocation which can inspire policymakers and practitioners.**“
—Joe Hallgarten, Director of Education, and leader of
Grand Curriculum Designs,
The Royal Society for the Arts (RSA)

„**Four Dimensional Education brings a deeply cogent, synthetic, open-minded conversation to explore** one of the key challenges to our society—**how to transform our education systems to** respond effectively to global 21st century needs and aspirations. USCIB has been privileged to be part of this conversation through a series of sponsored roundtables with the CCR bringing educators together with economists and business to bring new insights and perspectives to help students **build the world we want.**“
—Peter M. Robinson, CEO and President,
United States Council for International Business (USCIB)

From Corporations

„**What should students learn in an age of search, robotics and artificial intelligence?** The acceleration of technology and explosion of information creates the urgent need to rethink an educational system that is traditionally centered on content. Starting with a deep understanding of how modern society and workforce needs are changing, this book challenges us to take a big leap in education curricula to reflect **deep competencies, including relevant modern knowledge.**"
—Steve Vinter, Director, Cambridge site,
Google

„**A must read for anyone interested in the future of education** in a rapidly changing world. The best way to predict the future is to inspire the next generation of students to build it better."
—Jim Spohrer, Director of University Programs, **IBM**

„**This book should be required reading** for everyone involved in **education and education reform.** Fadel and colleagues have developed a unique language and framework map for enabling diverse stakeholders to find commonalities in their differences as well as a collection of tools to aid in developing and comparing innovative systems."
—John Abele, Founding Chairman of **Boston Scientific,**
Chairman of the **Argosy Foundation**

„**As scientists, humanitarians, engineers, and artists... as lifelong teachers and learners... as parents, and as humans... we owe it to our children to continuously prune our education curriculum, and to feed it with the nutrients of advancement**—in ways which our children will encounter them in their careers, and in their lives. We must contextualize our curricula with explicit interdisciplinary constructs that will teach them how to

203

think, how to learn, how to synthesize information and apply critical discernment. In this "living book," the authors lay an analytical and pragmatic foundation for a novel look at K–12 education goals—one that embraces the whole brain, the whole person, and all of society's needs. **Four-Dimensional Education poses a healthy challenge to the traditional, less-relevant structures of today's curricula.** Let this book be a call to action to all of us to join in CCR's mission, and to become actively involved in shaping the future of earth."

—Kristen Wright, Director, Cisco Research & Open Innovation
Cisco Systems

„**Education needs fundamental reform from top to bottom. This book puts square and center the need for that change at every level of thinking** from curricula to pedagogy to assessment—laying out a much-needed structure into which the fundamental maths and STEM reforms we are pioneering at computerbasedmath.org can fit."

—Conrad Wolfram, founder,
Wolfram Research Europe

From Academic Institutions

„*Four-Dimensional Education* describes a comprehensive framework for what personalized education for the 21ˢᵗ century must be about: comprehensive and adaptive while allowing for choice and local needs, along all dimensions of an education not merely traditional knowledge. **Educators and policymakers worldwide owe it to students and societies to rapidly operationalize these dimensions of knowledge, skills, character, and meta-learning.**"

—Todd Rose, Director of the Mind, Brain & Education program at the Graduate School of Education,
Harvard University

„*Four-Dimensional Education* charts a lucid course between two research frontiers, one assessing how astounding new technologies are reshaping our future job opportunities and skill demands, and the second striving to equip our future workforce (our kids) with the skills to compete and to thrive in that future. Traversing those two frontiers, this **book offers a wise and practical set of insights for empowering students and citizens to analyze, communicate, interact, and adapt.**"
—David Autor, Professor of Economics and Associate Department Head
Massachusetts Institute of Technology

„A very thoughtful treatment of the competencies our students need to thrive in today's (and tomorrow's) world. This book will help educators understand and navigate the critical choices we are facing."
—**Carol Dweck**, Lewis & Virginia Eaton Professor of Psychology, Department of Psychology,
Stanford University

„Arguably the biggest challenge facing the human race in the 21st century is education, yet few organizations have given this as much thought and analysis as the Center for Curriculum Redesign. What does every child need to know in this age? Our system of education hasn't changed significantly in centuries, yet the knowledge, skills, and character needed now are fundamentally changing. I highly recommend this book to anyone who cares about the future. **It is insightful, comprehensive, global, and coherent. It will set the compass direction for the next generation.**"
—Rick Miller, President
Olin College of Engineering

„Exponential technologies are providing us with extraordinary opportunities for solving the biggest challenges we face, but are also disrupting the old ways of doing things. *Four-Dimensional Education* establishes a

framework for continuous learning that is necessary for youth and adults alike to stay relevant and to thrive in these exponential times."
—Rob Nail, Associate Founder & CEO
Singularity University

From Foundations and Non-Profit Organizations

„As communities around the world work to ensure that all children have access to the kind of education that enables them to fulfill their true potential, the first question must be: What are our ultimate aims? The answers to this question will vary based on community context and culture, and yet these answers must be informed by a sense of global responsibility and an understanding of what the world will require of today's children. **This book**—a treasure trove from some of the world's foremost educational leaders—**provides the latest understanding about the knowledge, skills, character, and meta-learning that will be required for global success. It is an incredible resource for local educators around the world who want to put their students on a path toward shaping the future.**"
—Wendy Kopp, CEO and Co-founder,
Teach For All

„*Four-Dimensional Education* **offers a compelling vision for transforming education and how we look at education.** In a global economy, driven by nimbleness and innovation, it is increasingly clear that success depends on the transformation of education system. This book challenges us to redefine what we mean by success at all levels of the education system from the foundations of K–12, to the entrance requirements for higher education, to what the workforce can and needs to be."
—Matt Williams Vice President, Policy and Advocacy,
KnowledgeWorks Foundation

„*Four-Dimensional Education* provides a compelling, updated view of why education must change across the globe and what it should look like in the future, building on Fadel's and Trilling's first book, *21ˢᵗ Century Skills*. In clear, easy to understand language, they **articulate what 21ˢᵗ century learners need to be successful—a must read for us all.**"
—Dr. Helen Soule, Executive Director of P21,
The Partnership for 21st Century Learning

„We applaud CCR's distillation of vast research on the future of education in this accessible and compelling new book. *Four-Dimensional Education* is a *must read* for every globally minded leader and teacher interested in advancing their institutions through innovation. Similarly, parents interested in relevant 21ˢᵗ century education should read this book as well!"
—Heather Hoerle, Executive Director,
Secondary School Admission Test Board

„The Saber Tooth Curriculum" written in 1939. It tells of a fictional prehistoric society where „Saber Tooth Tiger Scaring" with fire is still part of the curriculum, though said tiger is extinct. Fast forward to the 21ˢᵗ century and the accelerating pace of change driven in large measure by the learners of the 20ᵗʰ century who somehow learned to be adaptable, savvy, versatile, collaborative and empathetic—sometimes within formal learning frameworks, often outside. In short they made the curriculum extinct. Instead of being saber-toothed they were laser-focused. **By drafting a dynamic framework for learning that adapts to and reflects success, *Four-Dimensional Education* will serve as a catalyst for lifelong learning and reinvention. The quality of our generational futures hinges on success.**"
—David F. Clune Ph. D, President and CEO
Educational Records Bureau (ERB)

„Our current circumstances cry out for a new model of education. This book provides one and **will be a powerful tool in the hands of those committed to preparing their students for the challenges of 21ˢᵗ century life and work.**"
—Ken Kay and Valerie Greenhill, co-founders of EdLeader21
and co-authors of *The Leader's Guide to 21ˢᵗ Century Education: 7 Steps for Schools and Districts*

Printed in Poland
by Amazon Fulfillment
Poland Sp. z o.o., Wrocław

50862726R00123